小学校

考え、議論する

道徳科授業の新展開
— 中学年 —

[編著]
赤堀博行

東洋館出版社

はじめに

　「特別の教科　道徳」（道徳科）がスタートする。授業をする先生方には、道徳科の特質を理解した上で、児童に考えさせたいこと、学ばせたいことを明確にして授業を行っていただきたい。

　今次の道徳教育の改善に際して、道徳授業の特質を生かした授業が行われていない場合があることが挙げられ、読み物の登場人物の心情理解のみに偏った指導が行われていることや、発達の段階などを十分に踏まえず、児童に望ましいと思われる分かりきったことを言わせたり書かせたりする指導に終始しているなどの課題が指摘された。

　学習指導要領改正に際して、答えが１つではない道徳的な課題を一人一人の児童が自分自身の問題と捉え、向き合う「考える道徳」「議論する道徳」へと転換を図ることが示された。児童が多様な教材を通して道徳的価値に関わる諸事象を自分事と受け止め、自分との関わりで考える主体的・対話的で深い学びが求められる。そして、自分の考え方、感じ方を明確にもち、友達との話合い活動などの対話的な学習を通して、道徳的価値の自覚を深めることが大切である。「議論する」とは、ある問題について互いの考えを述べ合うこと、多様な考え方や感じ方に出合って自分の考え方、感じ方を深めることである。

　「考える道徳」「議論する道徳」の具現化には、授業者がねらいとする道徳的価値についての理解を深め、授業者自身が道徳的価値について考えさせたいことを明らかにして日々の道徳教育を行うことが大切である。これらの指導により、児童によさが見られるようになる。一方で新たな課題も見えてくる。これにより、授業者の児童に「さらに考えさせたいこと」が込み上げてくる。このことこそが、児童に授業において考えさせるべきことであり、教材活用の視点にもなるものである。

　道徳科の授業においては教材が果たす役割は大きい。しかし、教材を効果的に活用するためには、その基盤となる児童に考えさせなければならないこと、言い換えれば授業者の明確な指導観を確立することが重要である。他教科と異なり、道徳科は教師の指導観により多様な学習展開が考えられる。仮に、同じ教材を用いたとしても、授業者の思いや児童の実態によって、授業が多様な展開になることはむしろ当然と言える。

　そうした意味で道徳授業は実に難しいものである。しかし、それ以上に、目の前の児童の実態に応じて多様な展開ができるという面白さがある。全国の多くの学校で、児童が道徳的価値を自分事として目を輝かせて考える姿が見られるようになってほしい。こうした授業改善の充実を図る上で、本書における多くの指導事例が参考になれば幸いである。

　また、本書の上梓に当たって、ご尽力賜った東洋館出版社、ご担当の近藤智昭氏、村田瑞記氏に心より謝意を表するところである。

平成 30 年 2 月吉日　赤堀　博行

小学校

考え、議論する道徳科授業の新展開　中学年

もくじ Contents

はじめに　*1*

理論編

考え、議論する道徳科授業を目指して ……… *5*

中学年における道徳科の特質　*6*
考え、議論する道徳科授業の基本的な考え方　*12*
中学年における多様な授業展開　*20*

実践編

第3学年　考え、議論する道徳科授業の新展開 ……… *27*

A　主として自分自身に関すること

よわむし太郎［善悪の判断、自律、自由と責任］　*28*
まどガラスと魚［正直、誠実］　*32*
金色の魚［節度、節制］　*36*
組木のボール［個性の伸長］　*40*
きっとできる［希望と勇気、努力と強い意志］　*44*

B　主として人との関わりに関すること

心と心のあく手［親切、思いやり］　*48*
あと三十分おくれたら［感謝］　*52*
失礼おばさん［礼儀］　*56*
ないた赤おに［友情、信頼］　*60*

　　　　ししゅうのあるセーター［相互理解、寛容］　**64**

C　主として集団や社会との関わりに関すること

　　　　あめ玉［規則の尊重］　**68**
　　　　同じなかまだから［公正、公平、社会正義］　**72**
　　　　なんにも仙人［勤労、公共の精神］　**76**
　　　　ブラッドレーのせいきゅう書［家族愛、家庭生活の充実］　**80**
　　　　風船と花のたね［よりよい学校生活、集団生活の充実］　**84**
　　　　ふろしき［伝統と文化の尊重、国や郷土を愛する態度］　**88**
　　　　三つの国［国際理解、国際親善］　**92**

D　主として生命や自然、崇高なものとの関わりに関すること

　　　　ヒキガエルとロバ［生命の尊さ］　**96**
　　　　カメの横断［自然愛護］　**100**
　　　　花さき山［感動、畏敬の念］　**104**

実践編

第4学年　考え、議論する道徳科授業の新展開　**109**

A　主として自分自身に関すること

　　　　ふりだした雨［善悪の判断、自律、自由と責任］　**110**
　　　　なしの実［正直、誠実］　**114**
　　　　目覚まし時計［節度、節制］　**118**
　　　　うれしく思えた日から［個性の伸長］　**122**
　　　　わたしののれん［希望と勇気、努力と強い意志］　**126**

B　主として人との関わりに関すること

　　　　おじいさんの顔［親切、思いやり］　**130**
　　　　妙見山のちかい〜岩崎弥太郎〜［感謝］　**134**
　　　　生きたれいぎ［礼儀］　**138**
　　　　絵葉書と切手［友情、信頼］　**142**
　　　　すれちがい［相互理解、寛容］　**146**

C　主として集団や社会との関わりに関すること

　雨のバスていりゅう所で［規則の尊重］　**150**
　もしもし、女王さま［公正、公平、社会正義］　**154**
　神戸のふっこうは、ぼくらの手で［勤労、公共の精神］　**158**
　小さなお父さん［家族愛、家庭生活の充実］　**162**
　みんな、待ってるよ［よりよい学校生活、集団生活の充実］　**166**
　祭りだいこ［伝統と文化の尊重、国や郷土を愛する態度］　**170**
　マイケルのかぎ［国際理解、国際親善］　**174**

D　主として生命や自然、崇高なものとの関わりに関すること

　お母さん泣かないで［生命の尊さ］　**178**
　川よもう一度［自然愛護］　**182**
　十才のプレゼント［感動、畏敬の念］　**186**

編著者・執筆者一覧　**190**

理論編 実践編

考え、議論する道徳科授業を目指して

中学年における道徳科の特質

1 道徳科の目標

　道徳科の目標は、これまでの「道徳的価値の自覚及び自己の生き方についての考えを深め」ることについて、道徳的価値について自分との関わりで理解し、それに基づいて内省し、多面的・多角的に考えることなどの趣旨を明確化するため、「道徳的諸価値についての理解を基に、自己を見つめ、物事を多面的・多角的に考え、自己の生き方についての考えを深める」とした。また、育成を目指す資質・能力を明確にするために、道徳的実践力を道徳的な判断力、心情、実践意欲と態度として示した。
　今次の学習指導要領の改訂において明示された、道徳科において行うべき学習を具体的に解説する。

2 道徳科の特質

(1) 道徳的諸価値についての理解

　道徳授業は、ねらいとする一定の道徳的価値を中心に学習する。道徳的諸価値と示しているのは、年間の授業において、学習指導要領に示された内容項目に含まれる様々な道徳的価値について考える学習を展開するからである。様々な道徳的価値を理解する理由は、児童が将来、様々な問題場面に出合った際に、その状況に応じて自己の生き方を考え、主体的な判断に基づいて道徳的実践を行うことができるようにするためである。
　道徳的価値とは、我々がよりよく生きるために必要とされるものであり、人間としての在り方や生き方の礎となるものと考えられている。道徳的価値は例えば、「親切」「感謝」「正直」などがあり多様であるが、学校教育ではこれらのうち児童の発達の段階を考慮して、1人1人が道徳的価値観を形成する上で必要なものを内容項目として取り上げている。内容項目には必ず道徳的価値が含まれているが、内容項目により含まれる道徳的価値の数は異な

る。

　例えば、A「節度、節制」には、「自立」「安全」「思慮」といった複数の道徳的価値が含まれているが、B「親切、思いやり」に含まれている道徳的価値は、「親切」だけである。このことから、低学年の「C　規則の尊重」を指導する場合には、指導を行う際には2主題で授業を展開するなどの工夫が必要になる。

　なお、今回の改善では、内容項目に「善悪の判断、自律、自由と責任」「親切、思いやり」「規則の尊重」「生命の尊さ」など、その内容を端的に表す言葉を以下のように付記している。中学校の内容に付記された文言は表現が異なっているものもあるので留意されたい。

（小学校）
A　主として自分自身に関すること
［善悪の判断、自律、自由と責任］［正直、誠実］［節度、節制］［個性の伸長］
［希望と勇気、努力と強い意志］［真理の探究］
B　主として人との関わりに関すること
［親切、思いやり］［感謝］［礼儀］［友情、信頼］［相互理解、寛容］
C　主として集団や社会との関わりに関すること
［規則の尊重］［公正、公平、社会正義］［勤労、公共の精神］［家族愛、家庭生活の充実］
［よりよい学校生活、集団生活の充実］［伝統と文化の尊重、国や郷土を愛する態度］［国際理解、国際親善］
D　主として生命や自然、崇高なものとの関わりに関すること
［生命の尊さ］［自然愛護］［感動、畏敬の念］［よりよく生きる喜び］

　道徳的価値を理解することは、児童が将来、様々な問題場面に出合った際に、その状況に応じて自己の生き方を考え、主体的な判断に基づいて道徳的実践を行う上で不可欠である。答えが1つではない問題に出合ったときに、その状況においてよりよい行為を選択できるようにするためには、多数の道徳的価値について単に一面的な決まりきった理解ではなく、多面的・多角的に理解しておくことが求められる

　具体的には、第1に、道徳的価値を人間としてよりよく生きる上で意義深いということ、大切なことであると理解することである。これを「価値理解」と言う。例えば、「よく考えて度を過ごさないように生活することは大切なことである」「相手の気持ちを考えて親切にすることは人間関係を良好に保つ上で必要なことである」などと理解することである。

　また、道徳的価値は人間としてよりよく生きる上で大切なことではあるが、それを実現することは容易なことではないといった理解も大切になる。これを「人間理解」と言う。

　具体的には、「自分自身の誠実に振る舞うことは大切であるが、ともすると自分の良心を偽ってしまうこともある」「公共の場所では周囲への配慮が必要であるが、つい自己中心的な考えで行動してしまうことがある」などと理解することである。

　さらに、道徳的価値を実現したり、あるいは実現できなかったりする場合の考え方や感じ方は、人によって異なる、また、状況によっては1つではないということの理解も求められる。これを「他者理解」と言う。

道徳的価値の意義や大切さといった価値理解と同時に人間理解や他者理解を深めていくようにすることが重要である。道徳科の授業において道徳的価値の理解を図ることは不可欠であるが、具体的にどのような理解を中心に学習を展開するのかは、授業者の意図によることは言うまでもない。学級の自立した人間として他者と共によりよく生きるための基盤となる道徳性を養うには、道徳的価値について理解する学習を欠くことはできない。

　なお、道徳的価値の意義やよさを観念的に理解させる学習に終始することは一面的な理解にとどまるとともに、ともすると道徳的価値に関わる特定の価値観の押し付けになることにもつながりかねないので留意しなければならない。

(2) 自己を見つめる

　道徳授業で最も大切なことは、児童が道徳的価値を自分との関わりで考えられるようにすることである。人間としてよりよく生きる上で大切な道徳的価値を観念的に理解するのではなく、自分事として考えたり感じたりすることが重要である。

　「自己」とは、客観的に自分自身を見たときの個と考えられることが多い。「自己を見つめる」ということは、自分自身を客観的な立場から見つめ、考えることと言える。つまり、外側から自分自身を見つめることである。この場合の自分自身とは、現在の自分のありのままの姿と同時に、現在の自分が形成されるに至ったこれまでの経験やそれに伴う考え方、感じ方なども包括している。道徳科の授業においては、一定の道徳的価値を視点として、自分自身の今までの経験やそれに伴う考え方、感じ方などを想起し、確認することを通して自分自身の現状を認識し、道徳的価値についての考えを深めることが大切である。

　こうした学習を通して、児童は、道徳的価値に関わる自らの考え方、感じ方を自覚し、自己理解を深めていくのである。このように、自分の現状を認識し、自らを振り返って成長を実感するなど自己理解を深めることは、児童自身がねらいとする道徳的価値を視点として、これからの課題や目標を見付けたりすることにつながる。

(3) 物事を多面的・多角的に考える

　「多面的・多角的に考える」ことは、新たに追記された文言である。はじめに、「多面的に考える」ことを考察する。よりよい友達関係を築くには、友達同士互いに認め合い、様々な場面を通して理解し合い、協力し、助け合うことが、友情を育んでいく上で大切なことである。友達のことを考えて、友達のためによかれと思うことを行うことは大切なことと言える。しかし、場合によっては友達のことと言いながらも、自己中心的な考え方に終始して友情を実現できないことも少なくない。

　友達同士が互いに忠告し合うことについて考えさせるために作成された『絵葉書と切手』（文部省「小学校　道徳の指導資料とその利用3」1980年）という中学年を対象とした読み物教材がある。

　主人公（中学年の女子）の家に料金不足の絵葉書が届く。兄は不足の料金を払って絵葉書

を受け取る。その絵葉書は、1年生のときからの仲良しで転校していった友達からのものだった。兄は、受取人に料金を払わせるのは失礼であり、絵葉書が定型外郵便で料金不足だったことを伝えるべきだと主張する。主人公は早速返事を書こうとするが、兄の言葉が気になってペンが進まない。そこで、母に相談することにした。母は、お礼だけ伝えればよいのではないかと言う。母の言葉を聞いた兄は、さらに伝えるべきだと主張する。主人公は、どのように返信したらよいかを思い悩む。そして、料金不足の忠告を友達はきっと分かってくれると考えて返事を書き始めるという内容である。

第3学年及び第4学年の「友情、信頼」の内容は「友達と互いに理解し、信頼し、助け合うこと。」である。郵便物の料金不足については、相手に伝えることが重要である。しかし、友情に関わる道徳的価値の学習は、どうすればよいかいった処世術を考えることではない。友達のことを考えるということはどのようなことなのかを自分の経験やそのときの考え方、感じ方を基に追究することである。

料金不足について忠告することは当然ながら友達のことを考えた行為である。また、お礼だけを書いて返信するということも友達のことを考えた行為と言える。さらに、忠告することが友達のためになると分かっていても、自分が友達に嫌われたくないとう思いもある。

このように、友達のためを思って友達のためになることをすることは大事なことではあるが、状況によっては実現することが難しい場合も少なくない。また、友達のことよりも自分のことを優先してしまうということもあり得る。人間にはよいと分かっていてもできない弱さがある。人間としてよりよく生きていくためには、こうしたことを理解することも必要である。つまり、友情を様々な面から考察し、友情についての理解を深められるような多面的に考えることが大切なのである。

多面的に考えるとは、道徳的価値やそれに関わる事象を一面的ではなく様々な側面から考察するということである。

次に「多角的に考える」ことについて吟味したい。親切に関わる行為の態様は限りなく存在するが、親切な行為は親切という道徳的価値だけで考えられるものではない。

親切について考えさせる読み物教材に、『おじいさんの顔』（文部省「道徳の指導資料」児童作文 1970年）がある。

太陽が照りつける夏休みのある日に、主人公は母と一緒に親戚の家に出かける。「日曜日だから特別、乗客が多いね。このぶんではずっと立ちっぱなしだよ。」と、母も顔をしかめて言う。大勢の人々が待つ中、ようやく電車が来る。主人公はドアのそばの座席に座ることができた。混雑の中、母の様子は分からなかったが、4つめの駅で大勢の乗客が降りると席が空いて母が座ったのを見てほっとする。そこへ、大きな荷物を両手に持った高齢の男性が乗車してきた。そして、主人公の前に重そうな荷物を置くと空席を探す様子がうかがえた。男性の顔は汗びっしょりである。主人公は男性が気になって仕方がない。主人公は、田舎の祖父のことを思い出したり、主人公自身が席を譲ってもらったことを思い出したりする。そして、最終的には思い切って「どうぞ」と言って男性に席を譲るのだが、なかなかそれを言

い出せない状況が続いた。
　この場合は、男性のことを思いやって席を譲ろうとする親切が中心となるが、それだけで片付けられる問題ではない。「どうぞ」と言って席を譲って、断られたらどうしよう」となかなか言い出せなかった状況がある。親切な行為には勇気も必要になるものである。また、例えば、主人公が自分の祖父を思い浮かべるなど、これまでさまざまな高齢者との関わりがあり、自分たちの生活の基盤をつくった高齢者には感謝の気持ちをもつことが必要だと考えることも推察できる。このように一定の道徳的価値について考えていく中で、異なる道徳的価値との関わりに気付くことも多い。一定の道徳的価値から関連する他の道徳的価値に広がりをもたせて考えるようにする多角的な理解も大切なのである。
　このように一定の道徳的価値について考えていく中で、異なる道徳的価値との関わりについて考えなければならないことも少なくない。一定の道徳的価値から関連する他の道徳的価値に広がりをもたせて考えるようにする多角的な理解も大切なのである。
　このように物事を多面的・多角的に考える学習を通して、児童一人一人は、価値理解と同時に人間理解や他者理解を深めたり、他の道徳的価値との関わりに気付いたりする。このような学習が、道徳的価値に関わる考え方や感じ方を深め、同時に自己理解をも深めることにつながっていくのである。
　道徳科においては、児童が道徳的価値の理解を基に物事を多面的・多角的に考えることができるような授業を構想することが大切である。道徳的価値の理解は、道徳的価値自体を観念的に理解するような一面的なものではない。道徳的価値を含んだ事象を自分の経験やそれに伴う考え方、感じ方を通して、それらのよさや意義、困難さ、多様さ、他の道徳的価値とのつながりなどを理解することが重要になるのである。

⑷　自己の生き方についての考えを深める

　道徳授業の特質として第一に押さえるべきことは、児童が道徳的価値に関わる諸事象を自分との関わりで考えることである。児童が道徳的価値の理解を自分との関わりで図り、自己を見つめるなどの道徳的価値の自覚を深める学習を行っていれば、その過程で同時に自己の生き方についての考えを深めていることにつながる。道徳授業を構想するに当たっては、道徳的価値の理解を自分との関わりで深めたり、自分自身の体験やそれに伴う考え方や感じ方などを確かに想起したりすることができるようにするなど、特に自己の生き方についての考えを深めることを強く意識して指導することが重要である。
　授業構想に際しては、児童が道徳的価値の自覚を深めることを通して形成された道徳的価値観をもとに、自己の生き方についての考えを深めていくことができるような学習展開を工夫したい。自己の生き方についての考えを深めるためには、例えば、児童がねらいとする道徳的価値に関わる事象を自分自身の問題として受け止められるようにすることが考えられる。
　公開研究会で、第３学年の勇気に関わる指導、『よわむし太郎』（文部省「小学校道徳の指

導資料とその利用1」1975年）の授業を参観した。授業者は、教材提示を紙芝居で行った。授業者が「これから紙芝居をします」と言ったとき、3年生ではあまり紙芝居を見る機会がなかったためか、児童はやや落ち着かなかったが、授業者が読み進めると児童は「よわむし太郎」の世界に引き込まれていった。子供たちにからかわれていた太郎が、白鳥を守るために、殿様の弓矢の前に立ちはだかる、緊迫する場面に児童は夢中であった。そして、殿様一行が立ち去り、子供たちが太郎を取り囲む様子を児童が笑顔で見ている様子がうかがえた。

教材提示の後に、正しいことを勇気をもって行うことのよさや難しさを考えさせるために、授業者は主人公である太郎の思いや考えを問うていった。児童は、太郎の思いを自分事として考えていった。

この事例から言えることは、紙芝居を用いた臨場感のある教材提示が、児童がねらいとする道徳的価値に関わる事象を自分自身の問題として受け止められるようにする手立てになっていたということである。児童が教材の世界に浸ることによって、登場人物を身近に感じて、その思いや考えを自分事として考えずにはいられない構えが出来上がっていたのである。

授業者自身が、児童が自分との関わり考えられるような授業展開にしようという意図を明確にもつことで、児童が自己の生き方についての考えを深める学習を促すことにつながっていくのである。道徳授業では、児童にとって「自分事」の学習になることを期待したいところである。

(5) 道徳的な判断力、心情、実践意欲と態度を育てる

道徳教育は、児童の道徳性を養う教育活動である。道徳性の様相は、道徳的な判断力、心情、実践意欲と態度である。道徳科の授業では、道徳性のいずれかの様相を育てることが目標になる。したがって、道徳科の授業のねらいには、授業者が養いたいと考えている道徳性の様相含まれることになる。

道徳授業の学習指導案のねらいに、「うそをついたりごまかしたりしないで、素直にのびのびと過ごせるようにする」、または「友達同士互いに理解し合い、助け合うことのよさに気付かせる」、あるいは、「働くことの社会に奉仕することの充実感を味わい、公共のために役立つことのよさを理解する」などと記されていることがある、これらのねらいからは授業者が育てたい道徳性が分からないため適切とは言えない。

道徳授業のねらいは、道徳の内容と道徳性の様相を勘案した上で、1時間の授業の方向性が分りやすく示されているものが望ましい。

道徳性は、一朝一夕に養われるものではない。道徳授業を丹念に積み上げること、つまり、1時間、1時間の道徳授業を確実に行うことによって、徐々に、着実に道徳性が養われ、潜在的、持続的な作用を行為や人格に及ぼすようになるのである。学校の道徳教育の目標など長期的な展望と綿密な指導計画に基づいた指導が道徳的実践につながることを再確認したいところである。

考え、議論する
道徳科授業の基本的な考え方

1 「考え、議論する道徳」に向けた授業改善

(1) 授業改善の基本的な考え方

　今次の学習指導要領改正に先立って示された中央教育審議会答申「道徳に係る教育課程の改善等について」では、道徳授業の課題として、道徳の時間の特質を生かした授業が行われていない場合があることが挙げられ、読み物の登場人物の心情理解のみに偏った形式的な指導があることや、発達の段階などを十分に踏まえず、児童に望ましいと思われる分かりきったことを言わせたり書かせたりする授業になっているなど多くの課題が指摘された。

　学習指導要領改正に際して授業については、答えが1つではない道徳的な課題を一人一人の児童が自分自身の問題と捉え、向き合う「考える道徳」「議論する道徳」へと転換を図ることが示された。

　児童が多様な教材を通して道徳的価値に関わる諸事象を自分の問題と受け止め、それを自分との関わりで考える主体的・対話的な深い学びが求められる。そして、自分の考え方、感じ方を明確にもち、友達の多様な考え方、感じ方と交流する話合い活動などの対話的な学習を通して、道徳的価値の自覚を深めるようにすることが求められる。

　なお、「議論する」ことは、互いの意見を戦わせるとする捉え方もあるが、これは討論であり議論の1つの形態に過ぎない。「議論」とは、ある問題について互いの考えを述べ合うこと、多様な考え方や感じ方に出合って自分の考え方、感じ方を深めることである。

(2) 指導観を明確にした授業構想

　「考え、議論する道徳」の実現のためには、教師が内容項目についての理解を深め、それにもとづいて児童のよさや課題を明らかにして、授業で何を考えさせたいのかその方針を焦点化する「明確な指導観」を確立することが何よりも重要である。指導観とは、次の3つの要素から成り立つ。これらの事柄は、学習指導案において「主題設定の理由」として示される。

① 価値観（ねらいとする道徳的価値について）

　1時間のねらいに即した授業を行うためには、授業者が、1時間で指導する道徳的価値を明確に理解し、自分なりの考え方をもつことが不可欠である。このことが、児童にねらいとする道徳的価値をどのように考えさせ、学ばせるかを方向付けることになる。

　この授業者の価値観は、学習指導案に「ねらいとする道徳的価値について」という表題で示されることから、当然、1時間の授業についての考え方であるが、同時に、授業者の教育活動全体で行う道徳教育の考え方を示すものである。

　具体的には、礼儀に関わる授業の学習指導案の「ねらいとする道徳的価値について」の箇所に、「…よい人間関係を築くには、まず、気持ちのよい応対ができなければならない。それは、更に真心をもった態度と時と場をわきまえた態度へと深めていく必要がある。」などの記述があれば、これは本時の指導に対する授業者の基本的な考え方であると同時に、授業以外で礼儀に関わる指導を行う際の考え方でもあるということである。

② 児童観（児童の実態について）

　授業者がこれまでねらいとする道徳的価値に関わってどのような指導を行ってきたのか、その結果として児童にどのようなよさや課題が見られるのかを確認する。その上で、ねらいとする道徳的価値に関してどのようなことを考えさせたいのか、どのような学びをさせたいのかを明らかにする。これが、児童観であり、授業の中心的な学習につながるものである。

③ 教材観（教材について）

　1時間の授業で教材をどのように活用するのかは、年間指導計画における展開の大要などに示されている。しかし、授業者のねらいとする道徳的価値に関わる考え方（価値観）や児童のねらいとする道徳的価値に関わるこれまでの学びと、そこで養われた道徳性の状況に基づいて、この授業で児童に考えさせたいこと、学ばせたいこと（児童観）をもとに、教材活用の方向性を再確認することが大切なことである。

2 道徳科における主体的・対話的で深い学び

　児童が人間としてよりよく生きるために、道徳的諸価値についての理解を深め、将来出合うであろう様々な場面、状況において何が正しいのか、この状況で行うべきことは何か、自分ができることは何かを考えられるようにすることが大切である。そのことが、道徳的価値を実現するために主体的に行為を選択し、実践しようとする資質・能力を身に付けていくことにつながる。

　そのために、道徳的価値の自覚を深める過程で児童が、道徳的価値を自分事として主体的に学ぶことの意味と道徳的価値に関わる自分の考え方や感じ方を結び付けたり、様々な対話

を通じて多様な考え方、感じ方に出合って考えを深めたり広げたりすることが重要になる。
　また、深めたり広げたりした道徳的価値に関わる考え方や感じ方をもとに、自己の生き方についての考えを深めようとする、学びの深まりも重要になる。児童は、このように、主体的・対話的に、深く学んでいくことによって、道徳的価値を自分の人生や他者や社会との関わりと結び付けて深く理解したり、自立した人間として他者と共によりよく生きるための基盤となる道徳性を自ら養ったりできるようになる。

3 道徳科における「主体的な学び」とは

　授業とは、知識や技能などの学問を授けることと言われている。授業を構想する際には、どのような知識や技能などをどのように学ばせるのかを明確にすることが求められる。授業は、授業者である教師が主となって指導するものである。授業者である教師が、学習者である児童に考えさせるべきことや身に付けさせるべきことを明確にして授業を構想しなければならない。
　このように授業を主導するのは教師であるが、授業の中で行われる学習は児童が主体的に行うことが求められる。児童の主体性のない学びは、児童が知識や技能などを獲得する必然性を感じられなかったり、十分な切実感をもてなかったりするために、学習効果が得られにくい状況に陥ってしまうからである。児童は教師が設定した問題を自分の問題として切実感をもって捉え、その追究や解決を必然性をもって行うことによって、知識や技能などを効果的に獲得することが期待できる。
　道徳科の授業では、児童が学習対象としての道徳的価値を自分との関わりで理解し、道徳的価値を視点に自己を見つめ、自己の生き方についての考えを深めることで、道徳性を養うことが求められるのである。道徳科における主体的な学びとは、児童が自分自身と向き合い、道徳的価値やそれに関わる諸事象を自分事として考えることと言うことができる。

4 道徳科における「対話的な学び」とは

　道徳的価値の理解は、道徳的価値やそれを実現することのよさや難しさ、それに関わる多様な考え方、感じ方を理解することである。こうした理解を観念的ではなく、自分との関わりで実感を伴って行うことが重要である。
　例えば、相手の立場や気持ちを考えて親切にすることのよさを理解するためには、児童自身が親切という道徳的価値についての価値観、つまり親切についてどのような考え方、感じ方をしているのかを認識することが求められる。親切の意義やよさの受け止め方は、児童のこれまでの経験によって多様である。

ある児童は、自分が親切にされたときの温かさ、うれしさから親切のよさを認識していることが考えられる。また、ある児童は、自分が電車に乗っていたとき高齢者に席を譲ったことで謝意を受けた喜びから親切のよさを認識していることも考えられる。

　親切のよさや意義を理解するためには、まずもって親切という道徳的価値が自分と関わりがあるという認識をもつことが重要になる。このことが自分の意志で親切について考えようとする主体的な学びの基盤となるのである。そして、自分自身の道徳的価値に対する考え方、感じ方を吟味して、道徳的価値のよさや意義についての考えや自分自身の思いや課題を広げたり深めたりすることで、自己の生き方を深めるようにすることが求められる。

　道徳的価値に対する考え方、感じ方を吟味する際には、道徳的価値やそれを含んだ事象を一面的に捉えるのではなく、多面的・多角的に考えることが大切である。つまり、自分の考え方、感じ方の他にも、多様な感じ方、考え方があることを知り、それらと自分の考え方、感じ方を比較したり、検討したりすることによって、道徳的価値についての自分の考え方、感じ方のよさや課題を把握することができる。そして、このことが人間として生き方についての考えを深めることにつながるとともに、よりよく生きようとする意欲や態度を形成することになる。

　このような深い学びに必要なことは、多様な考え方、感じ方に出合うことであり、そのため対話的な学びが必要になるのである。

(1) 道徳科における対話的な学びの実際

　道徳科においては、児童が多様な考え方、感じ方に接する中で、考えを深め、判断し、表現する力などを育むことができるよう、道徳的価値に関わる自分の考え方、感じ方をもとに話し合ったり書いたりするなどの言語活動を充実することが求められている。

　対話とは、互いに向かい合って話し合うことで、2人で行う会話を指す場合に用いられることが多いが、複数の人物間の思考の交流やそれによって問題を追究していく形式といった考え方もある。

　道徳科の授業においては、先述の通り、道徳的自覚を深めるために多様な考え方、感じ方に出合うことが肝要であり、そのために自分自身の考え方、感じ方を交流することが不可欠となる。

　道徳の特別の教科化を進めるに当たって、「考え、議論する道徳」の追求が掲げられたが、道徳の時間でもそうであったように道徳科においてもまさに「議論」することが大切なのである。繰り返しになるが、「議論」については、互いに意見を戦わせるとする捉え方もあるが、これは討論であり、議論の1つの形態に過ぎない。「議論」とは、ある問題について互いの考えを述べ合うことであり、多様な考え方や感じ方に出合って自分の考え方、感じ方を深めることなのである。

(2) 対話の対象

次に、対話的な学びにおける対話の対象について考えてみたい。授業の重要な特質は児童同士が学び合う集団思考を行うことである。児童が対話的な学びをどのようにするかと言えば、それは児童同士、あるいは児童と教師で行うことが基本となる。

一方、道徳科では、指導の意図に応じて授業において家庭や地域の人々、または各分野の専門家などの積極的な参加や協力を得ることが求められている。いわゆるゲストティーチャーが参加する授業が行われることも少なくない。この場合は、児童とゲストティーチャーとの対話ということも考えられる。

さらに、道徳的価値の自覚を深めるために活用する教材に登場する偉人や先人などの人物との対話も考えられる。児童がそれらの人物と向き合い、自分の思いを問いかけていく。当然ながらそれらの人物からの答えはない。しかし、児童は自分の問いかけに対して、偉人や先人はどのように答えるだろうかと考え、その答えを想像するのである。形の上では児童の自問自答ということになるが、それらの人物に真剣に向き合い、道徳的価値に関わる問題を追究しようとすることからこうした学びも対話的な学びと捉えることができるであろう。

(3) 多様な話合いの工夫

議論には様々な形態がある。先述のように意見を戦わせ可否得失を論じ合う討論という形がある。また、ある問題について2人で話し合う対談・ペアトーク、小集団で問題について話し合うグループトーク、多数で問題を考え合う集団討議などが挙げられる。これらは、学校教育における学習で活用する対話的な学びと言うことができるであろう。

小学校の段階では、議論を多様な形態による話合いとして捉え、授業者の指導の意図に基づいて適宜活用することが期待されている。

① 話合いの特質

話合いは、昭和33（1958）年に道徳授業として道徳の時間が学習指導要領に位置付けられて以来、重要な指導方法として指導書や解説に示されてきた。

道徳授業における話合いとは、一定の道徳的価値について児童相互に話合いをさせることを中心とする指導の方法とされてきた。この指導方法は、話すことと聞くことが並行して行われるので、道徳的な問題を介して道徳的価値についての理解を深め、自他の考え方、感じ方を比較、検討する中で、自分の考え方、感じ方のよさや課題に気付くことができる。このことから、道徳的な思考を確かなものにする上で効果があるとされてきた。

話合いを展開していくときには、教師の発問や助言が児童の学習活動を方向付ける要因となる。そのため、道徳的価値に関わる児童の実態をもとに、児童に考えさせるべきことを明確にするとともに、児童の発達の段階や経験に即した用語や内容を考慮することが大切になる。児童が何を考え、何を目指して話し合うのかが理解できるようにすることが必要である。したがって、教師の発問や助言が極めて重要になる。一人一人の児童の発言を大切に

し、問い返しなどを行うことにより児童の考え方、感じ方を深めるようにすることが求められるのである。

また、話合いを深めていくためには、教師が、児童の発言の根拠や背景を探っていくことが大切になるが、児童同士が互いに考えをよく聞き合い、授業でねらいとする道徳的価値を自分の問題として受け止め、これまでの自分の経験などを十分に考えた上で発言するように指導することも必要となる。

話合いに当たっては、授業者が児童の実態などに基づいて、ねらいとする道徳的価値について何をどのように考えさせるのかを明確にして、読み物教材や視聴覚教材などの内容から話題を設定したり、日常生活の具体的な問題、社会生活における時事的な問題などの内容を話題としたりすることが考えられる。その際、それらの話題が学級の児童の共通の話題となるようにすることが大切である。また、児童が自分事として考えたくなるような事柄を取り上げるようにすることなどの配慮が求められる。

② 話合いの態様

話合いの態様は、授業者がどのような目的で話合いをさせたいのか、どのような内容について話し合わせたいのかによって異なる。

例えば、道徳的価値に関わる自分の考え方、感じ方を明確に表明し合い、互いの考え方、感じ方を比較させることにより、そのよさや課題を明確にさせようとする意図であれば、2人で話し合うペアトークを活用することが考えられるであろう。また、道徳的価値に関わる複数の考え方、感じ方と自分の考え方、感じ方を比較、検討することで考えを深めようとする意図であれば、小集団によるグループトークが考えられる。あるいは、道徳的価値に関わる考え方、感じ方の多様性について考えさせようとする意図であったり、1つの問題を大勢で追究しようとする意図であったりする場合には、学級全体での話合いが適当ということになる。

このように、対話的な学びとして話合いを行う場合には、授業者の明確な指導観に基づく綿密な授業構想が不可欠になるのである。

③ 話合いを行う際の留意点

道徳科の授業においてどのような指導方法を工夫したとしても、学習においては教師対児童、児童相互の対話的な学びである話合いが行われるであろう。話合いには決まった形があるということではない。授業者が道徳的価値の理解をもとに自己を見つめ、物事を多面的・多角的に考え、自己の生き方についての考えを深めるためにどのように話合いを行うことが必要なのか、明確な指導観をもつことが求められる。話合いを取り入れる際は、次のような事項に留意する必要がある。

㋐ 話合いの目的を明確化にする

授業者は、児童に何のために話合いをするのか、その目的を明確に示すことが大切であ

る。児童が道徳的価値に関わる諸事象を自分事として主体的に考えられるようにするためには、児童自身が学習することへの切実感と学習に対する見通しをもてるようにすることが肝要である。

　例えば「自分の考えをしっかりと伝えるために、隣の友達と話し合ってみましょう」「自分の考えと友達の考えを比べるために、グループで話し合ってみましょう」などと対話的な学びの目的を明確に示すことで、児童の学びはより深いものになっていく。

㋑　児童の主体性を促す

　授業者が特定の児童との対話を繰り返すことで、他の児童が傍観者となってしまっている様子を見ることがある。授業者と特定の児童との対話であっても、周囲の児童がただそれを見ているだけ、あるいは、聞いているだけでよいというものではない。「もしも自分が授業者と対話をしていたとすればどのように考えるだろうか」という意識をもって対話を見聞することが必要である。

　授業者は「これから私はAさんと対話をします。みなさんはもし自分がAさんだったらどう答えるかを考えながら聞きましょう」などと指示を出すことが大切となる。特定の児童との対話の後に、他の児童からの意見や感想を取り上げるなどして対話的な学びを深めるようにしたい。

㋒　話題を吟味し明確にする

　話合いの話題は、教師が提示することが大切である。道徳科の授業において児童に考えさせることは、指導内容や児童の実態などをもとに教師が決めるものである。このことは教師の恣意的な指導を意味しているのではない。児童の実態をもとにねらいとする道徳的価値についてどのように考えさせる必要があるのかを明確にしなければならない。授業というものは教師主導で行うものである。しかし、授業の中で行われる学習は児童が主体でなければならない。道徳科の学習は、一人一人の児童が道徳的価値についての考え方や感じ方を深めるなど、道徳的価値の自覚を深めることが求められるのである。自覚は他者からさせられるものではなく、自分自身でするものである。児童がねらいとする道徳的価値に関わる自分の考え方、感じ方を想起し、教師や友達などとの対話的な学びを通して、それらを深めていくことが重要となる。

④　話合いを適切に調整する

　話合い自体が優れたものであっても、本時のねらいとする道徳的価値から逸脱したものであっては、望ましいものとは言えない。授業者は、話合いの目的を児童に明確に伝えるとともに、必要に応じて適切な助言を行い、話合いの方向性を修正するなど、対話的な学びを促すようにすることが大切である。

⑤　個々の価値観を大切にする

　小集団による児童相互の話合いで重要なことは、一致した結論に到達する合意形成を目指

すものではなく、小集団という親密な関係の中で行われる対話的な学びを通して、一人一人の児童が自分自身の考え方、感じ方をより深い確かなものにしていくということである。

　以上、道徳科の基本的な考え方をもとに、道徳科における対話的な学びについて述べたが、児童が他者とともによりよく生きることができるようにするためには、他者との考え方、感じ方の交流が大切であり、対話が重視されなければならない。そのためには、他者の思いに寄り添い、それを尊重しようとする姿勢が求められる。道徳科における対話的な学びの根底には、こうした姿勢が不可欠である。道徳科の授業はもとより、日頃から児童が他者を尊重し、温かな人間関係を構築できるように指導することが肝要である。

5 道徳科における「深い学び」とは

　児童が自らの意志でねらいとする道徳的価値を視点に自分自身と向き合い、自分の考え方、感じ方を明らかにし、その上で、教師や友達などとの対話や協働を通して考え方、感じ方の多様性に気付く。道徳的価値やそれに関わる諸事象を多面的・多角的に考えることで自分自身の考え方、感じ方を深めることが、道徳的価値に関わる思いや課題を培うことにつながる。児童自身が「自分はこうありたい、そのためにはこのような思いを大切にしたい、このような課題を解決したい」などの願いをもてるようにする学びが深い学びである。

　主体的・対話的な学びを深い学びにつなげるためには、道徳科の目標に示されている通り、自己を見つめ、自己の生き方についての考えを深める学習を行うことである。児童は道徳的価値の理解を実感をもって行うことで自己を見つめたり、自己の生き方を考えたりする学習を行っていると言える。このような学習をより確かなものにするためには、道徳的価値を視点に自分自身の具体的な経験やそれに伴う考え方、感じ方を想起し、道徳的価値に関わるよさや課題を把握することができるような学習を設定することが求められる。このことで一連の学習が深い学びにつながるのである。

■よりよい授業を構想するために

　道徳授業は児童が将来に生きて働く内面的な資質である道徳性を養うものである。そのために、道徳的価値についての理解をもとに、自己を見つめ、物事を多面的・多角的に考え、自己の生き方についての考えを深める学習を行うものである。

　学習指導案を構想した際には、改めて学習指導過程の中にこうした学習が位置付いているか否かを確認したい。また、児童自身が考え方、感じ方を明確にし、今後の生き方につなげることができる学習になっているか否かを、常に確かめながら授業改善を図ることか大切である。

中学年における多様な授業展開

1 登場人物への自我関与を中心とした学習の工夫

　道徳科における重要な学習として、道徳的価値の理解がある。道徳的価値の理解は、道徳的価値のよさや大切さを観念的に理解することではない。児童が道徳的価値を実感を伴って理解できるようにすることが必要である。実感とは、児童自身が実際に道徳的価値に接したときに受ける感じであり、児童自身が道徳的価値やそれに関わる事象を自分事として考えることが重要である。道徳授業におけるこうした考え方は不易と言える。道徳の教科化に際して、「道徳授業では、自分だったらと問うたらどうだろうか」という意見があったが、こうした意見は道徳授業の特質を理解した上での意見とは言えない。道徳授業での思考は、常に「自分だったら」ということが基本となるからである。

(1) 道徳科で教材を活用する理由
① 焦点化した集団思考を促す
　児童が道徳的価値を自分との関わりで理解する場合には、一人一人の児童自身の経験をもとに考えさせることが極めて有効である。しかし、例えば学級に30人の児童が在籍していれば、道徳的価値に関わる児童の経験は、少なくとも30通りあるということになる。そして、それらの1つ1つの経験には、それぞれ様々な考え方、感じ方に根差している。
　例えば、親切に関わる経験として、「電車の中で高齢者に席を譲る」「バスの中で乳児を抱いた母親に席を譲る」「両手に荷物を持っている人のために扉を開ける」など、児童によって多様である。また、そうした親切な行為の背景も「ゆっくりしてほしい」「赤ちゃんが心配」、「荷物が重そう」など多様である。これらの経験やそのときの感じ方や考え方について、45分の授業の中で1つ1つ取り上げて学習を展開することは容易ではない。
　そこで、児童がねらいとする道徳的価値の理解を、自分との関わりで行い、多様に考えを深め、学び合えるような共通の素材をもとに学習を展開する。特に、授業の特質の集団思考を促すためには、1時間のねらいとする道徳的価値に関わる問題や状況が含まれている共通の素材として教材を活用することが有効である。

② 児童が伸び伸びと考えられるようにする
　読み物教材の登場人物に自我関与するということは、登場人物が置かれた状況で、「もしも自分だったらどうか」と自分事として考えるということである。
　中学年の正直、誠実の実践例をもとに考えたい。授業者は、児童が自分自身にとって正直にすることで、明るい心で伸び伸びとした生活が実現できることに気付けるようにしたいと考えた。これが授業者の価値観である。
　そして、日頃の道徳教育の結果、児童は様々な場面でうそやごまかしのないことが明るい生活につながることが理解できるようになってきた。しかし、ともすると自己保身から自分自身に対しても、他者に対しても不誠実な言動をとってしまうことがあることを把握した。このような実態から、授業者は、児童に自分自身の正直にすることのよさや清新さを考えさせ、正直に明るい心で生活しようとする態度を育てたいと考えた。これが児童観である。
　この児童観に基づき、中学年のリンカーンの少年時代の逸話を教材化した『6セント半のおつり』（文部省「小学校　道徳の指導資料　第3集」第4学年　1966年）を活用した。なお、この読み物教材は、文部科学省「わたしたちの道徳　小学校3・4年」にも掲載されている。
　授業者の児童観は、他者のみならず自分自身の正直にすることのよさや清新さを考えさせることであり、授業の中心は児童がおつりを返し終えて帰路についたときの主人公エイブ（リンカーン）に自我関与して、その考え方、感じ方を自分の体験などから類推する学習が中心となる。そこで、授業者は中心発問を「お客さんにおつりを返して、夜更けの道を帰っていくエイブは、どんなことを考えていたか」と設定した。
　中心発問における学習を充実させるために、授業者は自分の過失に気付いたときの考えと自分の過失に対して責任を果たそうとしているときの思いを考えさせる発問を設定した。
○自分の過失に気付いたときの考え
　➡おつりの間違いに気付いたエイブは、返しに行く決心をするまでにどんなことを考えたか。
○自分の過失に対して責任を果たそうとしているときの思い
　➡冷たい風が体にしみる中で、エイブがどんな思いでおつりを返しに歩いたのか。
　これらの問いで児童に考えさせたいことは、自分の過失に気付いたときの考えであり、正直を実現しようとしているときの思いである。教材の中のエイブの考えや思いではない。

(2) 「自分だったらどうか」と問うことについて
　道徳科の学習は、ねらいとする道徳的価値に関わることを児童が自分事として考えていく学習を行う。そうであれば、「おつりを間違えたことに気付いたエイブは、どんなことを考えたか」などと問わないで、「もし自分だったら、間違えに気付いたときはどんなことを考えるか。」と問うた方がよいという意見がある。例えば、4年生の児童に「あなただったら自分の間違えに気付いたときはどんなことを考えますか」と問うたとしたら、どのような反応があるだろうか。児童Aは、「ぼくは自分の間違いは、自分が悪いのだからすぐに謝ります」と発言をした。すると、他の児童が「A君は、いつも自分の失敗をごまかそうとする

ことが多いので、すぐに謝ろうとは思わないと思う。」と発言した。それを聞いた児童Aはうつむいて、もう発言することはなかった。児童Aのすぐに謝るという発言はどのような意味があったのだろうか。今までの自分を振り返り、今後はこうしたいという願望があったのだろうか。

「もしもあなただったら」と直接的に問われたことで、児童が「本当はこう思うけどちょっと言えないな」「この場合は、どのように答えればよいのだろうか」という思いで学習が展開したとすれば、ねらいとする道徳的価値に真正面から向き合い、自分事として伸び伸びと考えることができるだろうか。望ましいと思われること、きまりきったことの表明に終始する授業になることが懸念されるのである。

「おつりを間違えたことに気付いたエイブは、返しに行こうと決心するまでにどんなことを考えただろうか。」と問われた児童は、「自分の間違いに気付いたときはどんなことを考えるだろうか、主人公はおつりを返しに行こうと決心するまでにいろいろなことを考えただろう、どんなことを考えただろうか、自分だったら…」というように自分自身と向き合っていく。そして、児童が導き出す答えは、これまでの自分自身の体験やそれに伴う考え方や感じ方なのである。つまり、児童は自ずと自分事として考えることになる。道徳授業の問いは、全てが自分だったらということが大前提なのである。児童は、登場人物に託して考えられることで自分の考えや思いを誰にはばかることなく主体的に表明できるのである。これは、以下に示す、問題解決的な学習や道徳的行為に関する体験的な学習においても基盤となることである。道徳科の授業改善を行う際には、このことをしっかりと押さえる必要がある。

2 問題解決的な学習の工夫

(1) 道徳科における問題解決的な学習の基本的な考え方

道徳的価値の自覚を深める道徳科の授業を考えたときに、児童自身が積み上げてきた道徳的価値に関わる学びやそれによって深められた道徳的価値に関わる考え方、感じ方を生かした問題解決的な学習は指導法の1つの選択肢となり得る。

道徳科における問題は、単なる日常生活の諸事象ではない。道徳的価値に根差した問題である。問題解決的な学習は、児童が問題意識をもって学習に臨み、ねらいとする道徳的価値を追求し、多様な考え方、感じ方をもとに学べるようにするために行うものである。そのためには、教師と児童、児童同士が十分に話合いをするなどの対話的な学びが大切になる。

問題解決的な学習を展開する上で、最も大切なことは、何を問題にするかということである。問題解決的な学習の問題は授業者としての教師が考えるものである。授業において、指導内容や児童の既習事項、よさや課題などを勘案して何を考えさせたいか決めるのは教師である。児童中心と言いながら、教材文を提示した後に、「さあ、みなさん、教材文を読んでどんなことを話し合いたいですか」と問う教師がいる。「ぼくはここ」「私はここ」と児童に発言させながら、「いろいろと出てきましたが、今日はここについて話し合っていきましょう」と、あらかじめ問題にしたいと思っていたことを提示する授業を散見する。児童が主体

的に学ぶというのはこのようなことではない。道徳科においては、「児童がいかに自分自身と向き合うか」、「道徳的価値やそれに関わる事象を自分事として考えるか」ということである。

　他の教科のように何時間もかけた単元構成であれば、問題設定に時間をかけたり、学習の複線化を図ったりすることはできるが、道徳科の授業では教師が考えさせることをしっかりと設定することが重要である。そして、児童が自分の体験やそれに伴う考え方や感じ方をもとに自分なりの考えをもち、友達との話合いを通して道徳的価値のよさや難しさを確かめ、自分なりの答えを導き出すようにする、これが道徳における問題解決的な学習である。問題解決的な学習は道徳性を養う道徳科の指導方法の１つであり、指導方法が目的化してしまうと、教科の本質が失われる。教師の明確な指導観が何よりも大切である。

(2)　問題解決的な学習の具体的な展開

　道徳科における問題解決的な学習の事例を、中学年のＣ「公正、公平、社会正義」の指導をもとに示す。活用する教材は、文部省「道徳の指導資料とその利用６」（1983年）に掲載されている『同じ仲間だから』である。この教材は「わたしたちの道徳　小学校３・４年」にも取り上げられている。

①　問題の設定（何を問題にするのか）

　道徳科の授業を問題解決的な学習で展開する場合、最も重要になることは何を問題にするかということである。それは、本事例の内容は、Ｃ「公正、公平、社会正義」の第３学年及び第４学年「誰に対しても分け隔てをせず、公正、公平な態度で接すること。」である。授業者は、「公正、公平、社会正義」について、不公平な態度が周囲に与える影響を考えさせ、誰に対しても分け隔てをせずに接することができるようにすることが重要であると捉え、公正、公平に振る舞うことのよさを感得できるように指導したいと考えていた。

　この考え方で、学校の教育活動全体で行う道徳教育として体育科、学級活動、学校行事などで公正、公平についての指導を重ねた結果、児童は、誰に対して公平にすることの大切さは概ね理解できるようになってきた。一方で、自分の好き嫌いで不公平な態度をとってしまう様子も見られた。これらの実態をもとに、授業者は、公正、公平にすることの大切さをより一層考えさせたいと思い、「あなたが誰に対しても同じように接するためには、どのような思いが大切だろうか」という問題を設定した。

　問題解決的な学習では、授業者が児童に考えさせたいことが問題になる。問題解決的な学習で最も大切なことは問題である。それは、指導内容や児童の実態ら考えさせなければならない必然性があるものだからである。

②　問題の追究（どのように問題解決を図るか）

　問題を解決するための素材となるものは、児童自身が積み上げてきた公正、公平に関わる学びやそれによって深められた考え方、感じ方である。そして、授業の特質である集団思考を促すために、児童一人一人の公徳に関わる考え方、感じ方を共通の土俵に乗せるために教

材『同じ仲間だから』を活用する。一人一人の児童が学習問題を自分事として考え、登場人物に自我関与を深めながら、自分なりの答えを追究してくことが重要である。

(3) 問題解決的な学習の配慮事項

　問題解決的な学習は、単なる日常生活の諸事象ではない。ねらいとする道徳価値に根差した問題を追究する。そして、問題を児童が自分の体験やそれに伴う考え方、感じ方をもとに、自分なりの考えをもって、そして友達と話し合う対話的な学びを通して、ねらいとする道徳的価値のよさや難しさなどを確かめていく。このときに大事なことは、「授業者の問い」である。何を考えさせるのかを明確にしなければならない。

　道徳科における問題解決的な学習は、児童の考えを１つにまとめて、「こうですね。」というように押し付けるのではなくて、児童一人一人が問題に対する答えを見つけていくような学習である。「今日は、『同じ仲間だから』の話を通して、誰に対しても同じように接するための思いを考えてきましたが、みなさん一人一人は公正、公平にするためにどのような思いを大切にしたいですか。」というように、児童一人一人に返していくことが大切になる。道徳科における問題解決的な学習の問題には、「あなたにとって」という枕言葉が必須なのである。他の教科の問題は、答えが１つの方向に定まっていることが多いため、「あなたにとって」や「わたしにとって」ということは考えにくい。道徳科は考える方向性は同じであるが、答えを何か１つの方向にまとめていくということではなく、そこから「自分はどうだったのだろうか。」と児童一人一人に返していくことが大事なのである。

　道徳科における問題解決的な学習は、「こうすればよい」という決まった形はない。授業者が指導内容や児童の実態から何を問題にし、児童がそれを自分の問題として捉え、自分事として考え、自分なりの答えを見付け出すことが重要である。

3 道徳的行為に関する体験的な学習

(1) 体験的な活動の基本的な考え方

　道徳的行為に関する体験的な学習は、例えば、実際に挨拶や丁寧な言葉遣いなど具体的な道徳的行為をした上で礼儀のよさや作法の難しさなどを考えたり、相手に思いやりのある言葉を掛けたり、手助けをして親切についての考えを深めたりするなどの活動である。

　また、読み物教材の登場人物等の言動を即興的に演じて考える役割演技などを取り入れた学習などもこれに当たる。これらの学習は、単に体験や活動そのものを目的とするのではない。体験や活動を通じて、道徳的価値を実現することのよさや難しさを考えられるようにすることが重要である。

(2) 道徳科における体験的な表現活動

　道徳科で、道徳的価値の自覚を深める学習を行う過程で、児童はねらいとする道徳的価値に関わる考え方、感じ方を表現し合う。児童が自分の考え方、感じ方を表現する活動として

は、発表したり書いたりする方法が広く行われているが、児童に教材中の登場人物の動きやせりふを模擬、模倣させて理解を深める工夫や児童に特定の役割を与えて即興的に演技する工夫などを試みている授業も多く見受けられる。表現活動の工夫としては、劇化や動作化、役割演技などが考えられる。

① 劇化

　劇化は、一般に小説や事件などを劇の形に変えることである。道徳科では、登場人物のねらいとする道徳的価値に関わる行為を含んだ読み物教材が広く用いられている。道徳科における劇化は教材の内容を劇の形に変えるもので、児童が道徳的価値を自分事として考えられるように、教材の内容や考えさせたい場面、状況を把握できるようにしたり、ねらいとする道徳的価値のよさやその実現の難しさなどを理解できるようにするために教材中の考えさせたい場面、状況を再現させたりすることを意図して行う。

② 動作化

　動作化は、教材中の登場人物の動作を模擬、模倣したり、それを反復したりすることである。動作化を行うことで、児童が登場人物になり切って、その考え方、感じ方などを自分事として考えることをねらいとしている。児童が登場人物への自我関与を深める上で有効な指導方法である。

　劇化や動作化は、授業者が明確な意図をもって活用することが何よりも大切である。それと同時に、児童に演技や動作をさせる際には、演技や動作をする目的を児童に明確に示すことが必要になる。

③ 役割演技

　役割演技は、児童が道徳的価値の理解をもとに自己を見つめるなど、道徳的価値の自覚を深めるために、教材の登場人物などに自我関与して即興的に演じることである。このことで、児童がその人物などが対人的に、あるいは対集団的にどのような関わりがあるのかを自らの経験などをもとに認識し、問題解決に向かって考えようとする意欲や態度が養われる。そして、児童が道徳的価値について自分事として考え、話合いなどの対話的な学びにより多様な考え方、感じ方に出合うことになる。こうした学習が児童の１つの体験として生かされ、将来出合うであろう様々な場面・状況において、望ましい人間関係の調整発展、集団への寄与などの道徳的実践となって表れることが期待できると考えられる。

　道徳科で役割演技を活用するねらいは、道徳的価値について理解したり、児童が自分との関わり道徳的価値を捉え自己理解を深めたりすることである。そのために、児童に条件設定を行い、役割もたせて即興的に演技させたり、ねらいとする道徳的価値を自分の経験などをもとに考えたりする役割演技は有効である。また、演技後の話合いで道徳的価値の理解を深めることなど、道徳科の有効な指導方法と言える。役割演技を効果的に行うためには、授業者が役割演技の意義や特質をよく理解して、自らの指導観を明確にした上で活用することが重要である。

理論編 　実践編

第3学年
考え、議論する道徳科授業の新展開

| 主　題 | 内容項目 | 主として自分自身に関すること |

正しいことは勇気をもって　A 善悪の判断、自律、自由と責任

第3学年
よわむし太郎

学図　教出
光村　廣あ
日文④

※④：第4学年掲載

出典　文部省「小学校道徳の指導資料とその利用1」
　　　　文部科学省「わたしたちの道徳　小学校3・4年」

1　ねらい

正しいと判断したことは、勇気をもって行おうとする心情を養う。

2　主題設定の理由（指導観）

●ねらいとする道徳的価値（価値観）

正しいと判断したことは、人に左右されることなく、自ら正しいと信じるところに従って、誠実かつ謙虚に行動することが重要である。勇気をもって行うことのよさを感得できるように指導したい。

●児童の実態（児童観）

児童は正しいことや正しくないことについての区別ができるようになっている。一方で、正しいことと知りつつも実行できないこともある。勇気ある行動から得られる喜びや自信などのよさを考えさせたい。

3　教材について（教材観）

●教材の概要

ある村に、背は高く力もあるが、子どもたちからばかにされてもにこにこ笑っているため、「よわむし太郎」と呼ばれる男がいた。太郎の住んでいる森の近くには大きな池があり、子どもたちはそこに毎年飛んでくる白い大きな鳥を大切にしていた。あるとき、殿様が、その日の狩りで何も獲物を捕まえることができず、池にいた白い鳥を捕まえようとする。そのとき、太郎は殿様の前に立ちはだかる。殿様は太郎をじっとにらんでいたが、しばらくすると弓を下に向け帰って行った。その後、太郎のことを「よわむし太郎」とは誰も呼ばなくなった。

●教材活用の視点

子どもたちが大切にしている白い鳥を守るために、たとえ相手が殿様であっても涙をこぼして立ちはだかる太郎に自我関与させて、正しいと判断したことは勇気をもって行おうとするときの思いを考えられるようにしたい。

4　指導のポイント

正しいと判断したことは勇気をもって行おうとする心情を支えている多様な考え方、感じ方を問題として、体験的な学習を展開する。そこで、展開前段で、太郎が殿様に対して自分が正しいと判断した行動をするときの気持ちを、役割演技を通して追究させる。

学習指導過程

	学習活動（主な発問と予想される反応）	指導上の留意点
導入	1　勇気について想起し、発表し合う ○勇気があるとはどういうことか。 ・自分が苦手なことにもチャレンジできること。 ○勇気を出そうと思っても、勇気を出せなかったことはありますか。 ・友達がからかわれているときに注意できなかった。	・本時のねらいとする道徳的価値への方向付けをするために、事前に「勇気」に関するアンケートをしておき、日常の生活の中で、勇気を出そうと思っても、勇気を出せなかったことを想起させる。
展開	2　『よわむし太郎』をもとに、体験的な学習を展開する ○白い大きな鳥にえさをやって世話をしている太郎は、どんな気持ちだろう。 ・子どもたちがいたずらをせずに大切に世話をしている鳥だから、子どもたちが喜ぶように世話をしたい。 ◎「だめだ。だめだ。あの鳥をうってはだめだ。」と大きな手をいっぱいに広げ、殿様の前に立ちはだかったとき、太郎は、どのような気持ちだったのだろうか。 ・子どもたちが大切にしている鳥を守りたい。 ・相手が殿様であっても、悪いことは許さない。 ・白い鳥が殺されたら、子どもたちが悲しむ。 ○太郎は殿様に頼むときに、どんな思いで目から大きな涙をこぼしたのだろう。 ・子どもたちの悲しむ姿を想像したのだと思う。 ・自分も怖いけれど、それを我慢しながらも白い鳥を守りたかったのだと思う。 3　勇気をもって行動したときの考えや思いを振り返る ○自分が正しいと判断したことに、勇気をもって行動できたことはあるか。そのとき、どんな気持ちで行動したか。 ・上級生にスクールバスの乗り方について注意できた。怖かったけれど、ルール違反だし低学年が真似すると危ないと思ったから。	・自ら信じることに従って行動しているときの気持ちを考えさせるために、鳥の世話をしている太郎の気持ちを想像させる。 ・相手が殿様であっても、自分が正しいと判断したことを行う太郎の思いを、自分との関わりで考えられるように、役割演技を行う。 ・多面的に考える力を育成するために、観衆の児童に感想を問う。 ・太郎にも人間的な弱さがあるという人間理解を感じ取らせるために、太郎が怖い気持ちを抱きつつ、殿様に対して自分が正しいと判断した行動をするときの気持ちを考えさせる。 ・本時の授業を振り返り、道徳的価値を自分との関係で捉えたり、それらを交流して自分の考えを深めたりする。
終末	4　教師の説話を聞く	・教師自身が、正しいと判断したことに、勇気をもって行うことができた経験談や、勇気をもって行動できなかった経験談を話す。

板書計画

道徳的価値の実現の背景を追究する板書構成

教材をもとに自分との関わりで考えたことを板書し、本時の「勇気」に関わる多面的、多角的思考を促すような板書を構想する。

授業の実際

1 体験的な授業の実際

T 「だめだ。だめだ。あの鳥をうってはだめだ」と大きな手をいっぱいに広げ、殿様の前に立ちはだかったとき、太郎は、どのような気持ちだったのだろう。
C1 撃たれるのが怖かったと思う。
T それでも、太郎は殿様の前に立ちはだかったのですね。そのときの太郎の気持ちをもう少し考えてみましょう。私が殿様役をしますので、C1さんは太郎役をお願いします。
（役割演技1）
T 「よし。今日はあの白い鳥を撃つぞ」
C1 「だめです」
T 「なぜ、だめなのだ」
C1 「子どもたちが大切に育てています。」
T 「あの鳥は子どもたちの物ではないだろう」
C1 「撃ったら子どもたちが悲しみます。撃たないでください」
T なるほど。子どもたちが悲しむから、太郎は立ちはだかったのですね。C2さん（観衆）は今のを見て、どんなことを感じましたか。
C2 太郎は弓矢で撃たれるかもしれないと思って、怖かったと思う。でも、子どもたちの悲しむ顔を見たくないから、勇気を出したのだと思う。
（役割演技2）
T 「今日はあの白い鳥を撃つぞ」
C3 「子どもたちが悲しむから、あの白い鳥を撃ってはだめだ」
T 「子どもたちが悲しんでも、私はあの白い鳥が欲しいのだ」
C3 「しかし、あの白い鳥は1人の物ではありません」
T C4さん（観衆）はどんなことを思いましたか。
C4 白い鳥は殿様だけのものではなくて、みんなのものだから、それを命がけで伝えたかったのだと思う。

体験的な学習のポイント

主体的に道徳的価値の理解を深めるための役割演技を行う。

【演じ手】
児童が登場人物の立場に立って、自分との関わりで道徳的価値を深めることができるように、即興的に演技する役割演技を行う。

【観衆】
役割演技を見ていた観衆に感想を尋ねることで、他者の考え方や感じ方を共有し、児童が道徳的価値について自分との関わりで多面的・多角的に考えることができるようにする。

2 体験的な学習から個々のまとめ

T　3人の友達が役割演技するのを見て、思ったことや気付いたことはありますか。
C　子どもたちは白い鳥を大切にしているし、太郎も大切にしているから、自分が撃たれても守りたかったのだと思う。
C　太郎は子どもたちの笑顔が見たいから、相手が殿様であっても、あの鳥は絶対守る覚悟だったと思う。
T　太郎は殿様に頼むときに、どんな思いで目から大きな涙をこぼしたのだろう。
C　子どもたちの悲しむ姿を想像したからだと思う。
C　自分が死んでもいいから、あの鳥を生かしたいって思ったからだと思う。
C　相手は殿様で、殺されるかもしれないと思って怖い気持ちにもなったと思うけど、それを我慢しながら白い鳥を守りたかったのだと思う。
T　殿様の前に立ちはだかったときの太郎は、子どもたちや白い鳥のことを思って行動していたのでしょうね。同時に、相手が殿様で「怖い」と思う気持ちもあったのでしょうね。
T　今度は、自分が正しいと判断したことに勇気をもって行動できたことや、そのときの気持ちを振り返ってみましょう。

――――― 評価のポイント ―――――

　本時の指導の意図は、正しいと判断したことは勇気をもって行うときの思いを考えることである。

　児童が、勇気をもって行うことを支えている多様な考えや思いを自分事として考えている学習状況を発言や学習カードから把握する。

よわむし太郎

主　題	内容項目	主として自分自身に関すること
自分に正直に	A 正直、誠実	

第3学年
まどガラスと魚

学図　教出
日文　廣あ

出典 文部省「小学校道徳の指導資料第3集第3学年」

1　ねらい

自分自身を偽ることなく、他者にも自分にも正直に生活していこうとする態度を養う。

2　主題設定の理由（指導観）

●ねらいとする道徳的価値（価値観）

健康的で積極的に自分らしさを発揮するためには、自分の気持ちに偽りのないようにすることや、自己の過ちを認め、改めていく素直さをもつことが大切である。自分自身に対して正直に生きていこうとする心を育てられるように指導したい。

●児童の実態（児童観）

児童は、正直であることが大切だということを理解している。しかし、自分にとって不利な出来事を目の前にすると、正直でいられなくなる。自分の心に目を向けて、正直であることのよさを考えさせたい。

3　教材について（教材観）

●教材の概要

友達と遊んでいて、よその家の窓ガラスを割ってしまった千一郎。一緒に遊んでいた文助とともに、謝らずに逃げてしまう。次の日、気になった千一郎はその家の前を通ってみると「ガラスをわったのはだれだ？」と書いてある白い張り紙を見つける。その日の夕方、千一郎の家では夕飯のおかずの魚を猫にとられてしまう。夕飯をすませたころ、猫の飼い主のお姉さんが訪ねてきた。そのことを謝ろうと、お姉さんは一軒一軒聞いて回っていたのだ。その後千一郎は、ガラスをわったことをお母さんに話し、一緒におわびに行く。

●教材活用の視点

自分自身に対して正直であることの大切さを考えさせたい。正直にしようか、どうしようか迷うとき、どのようにして乗り越えるか、児童を千一郎に自我関与させて、自分と向き合って考えを深められるようにしたい。

4　指導のポイント

正直であるというのはどのようなことなのか、また、どんな思いからお姉さんを見て謝ろうと思ったのかを、登場人物への自我関与を中心として学習を展開する。導入で正直な心の大切さについて考えを出し合い、自分自身にベクトルを向けて考えられるようにさせる。

学習指導過程

	学習活動（主な発問と予想される反応）	指導上の留意点
導入	1 「正直」についての考えを発表し合う ○正直な心とは、どうして大切なのだろう。 ・うそをつくと、自分に返ってくる。 ・うそをつくと、信用がなくなる。	・学習の見通しをもたせるために、「正直」についての考えを発表し合い、道徳的価値への方向付けをする。
展開	2 『まどガラスと魚』をもとに、話し合う ○夢中でかけ出した千一郎は、どんなことを考えていただろう。 ・あやまらないと。でもこわいな。おこられるかな。 ・早くもどらないと。 ○「ガラスを割ったのはだれだ？」と書かれた紙を見て、千一郎は、どんなことを考えたでしょう。 ・やっぱりこわい。おこられてしまう。 ・あやまる勇気がでない。 ◎なかなかあやまれなかった千一郎が「あやまろう」と思ったのは、どんな考えからでしょう。 ・お姉さんのように、正直でいたい。 ・うそをつく自分がいやだ。 ・正直に言えばよかったと、後悔したくないから、がんばって言おうと思った。 3 自分自身に正直でいた経験について考え、振り返る ○みなさんも、弱い心に勝って正直にした経験はありますか。そのとき、どんなことを考えましたか。	・正直に言わないといけないということはわかっているが、「本当のことをいうのがこわいから」「自分にとって都合の悪いから」という、心の中にある弱い部分に負けそうになり、悩む思いを自分事として考えさせる。 ・正直にすることへの障害に出合ったときの考えを想像させる。 ・自分には「正直でありたい心」や「よりよく生きたい心」が必ずあるという、自分の心に目を向けさせるようにする。 ・補助発問として、「お姉さんと千一郎は、何がちがっていたか」を問い、自分に正直であるというのは、どのようなことなのかについて考えられるようにする。 ・正直にすることのよさや難しさを視点に自己を見つめさせる。
終末	4 教師の説話を聞く	・教師自身が自分自身の中にある弱い心を乗り越え、正直でいられた経験談を話す。

まどガラスと魚

板書計画

心の中の葛藤をつな引きに例えた板書構成

自分の心の中にある「正直な心」と「正直を偽る心」とを対比して考えられるような板書を構想する。

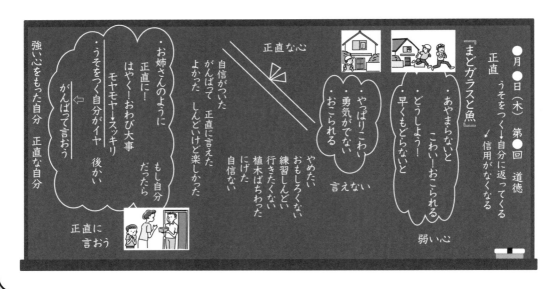

授業の実際

1　中心発問の実際

T　なかなかあやまれなかった千一郎が「あやまろう」と思ったのは、どんな考えからでしょう。

C　お姉さんのように、正直にしなくてはと思ったからだと思います。

C　お姉さんとぼくは全然違うなあと思いました。

C　お姉さんを見たら、早くおわびに行かないと思ったと思います。正直って大事だから。

T　どうして、正直でいることが大事なのですか？

C　だって、うそをついていたらずっと心がモヤモヤするし、正直に言えたら、すごく心がスッキリする。

C　うそをつく自分はいやだし、正直に言えないと、言えばよかったって後悔するし…だからがんばって言おうと思ったと思います。

C　心の中で、戦ってる！言おうかな、でもなぁって。

T　そうか、心の中で迷っていて…

C　正直な気持ちが勝った！

（つな引きの絵を描く）

C　運動会でやった、つな引きみたい。

C　ぼくの心の中、こんな感じになったことあるよ。

T　そうなんだ！みんなも、心の中で弱い心と強い心とつな引きして、勝った経験ありますか？

（展開後段の、自分自身をふり返ることへとつなげる）

問題解決的な学習のポイント

「正直」について、多面的・多画的に考えられるよう発問・板書を行う。

児童の実態から、「自分に正直であるというのは、どういうことなのか」「なぜお姉さんを見て、あやまろうと思ったのか」という事をポイントとし、Aの視点である「自分自身」との関わりに目を向けさせるような中心発問を設定する。

自分自身の心の中にある「正直に言えない心（弱い心）」と「正直でありたいと願う心（強い心）」とを対比できるように板書し、その葛藤をつな引きに例え、視覚的に分かりやすいように板書を工夫する。

2 中心発問から自分自身の振り返りへ

T 心の中で弱い心と強い心とつな引きして、正直にした経験ありますか？そのとき、どんなことを考えましたか。
C ボールで遊んでいて、植木鉢を割ってしまって、逃げようとおもったけど、やっぱりだめだなと思って、友達と話し合って「ごめんなさい」ってあやまりに言った。
T そのとき、どんなことを考えましたか？
C 正直に言えてよかったと思ったし、そのあとも楽しく遊べて、よかった。
C ぼくも同じようなことある！あやまるまで自信なかったけど、あやまれて自信がついた。
T 心の中には、弱い心もあるけれど、「このままではだめだな」「正直でいたいな」と思う、それを乗り越えられる、強い心がみんなにもあるんだね。
みんなすてきだなぁ。

T 最後にもう1回質問。正直な心ってどうして大切なのだろうね
C すてきな自分になるために、正直な心は大切だなと思います。

.... 評価のポイント ....

本時の指導の中心は、児童が主人公である千一郎に自我関与して、正直であることはなぜ大切なのかを考えることである。

児童が、自分自身に対して正直であることの大切さを、自分事として捉えられているかどうかを、学習状況や発言、つぶやきなどから把握する。

まどガラスと魚

主　題	節度のある生活	内容項目	主として自分自身に関すること A 節度、節制

第3学年
金色の魚

学図　光村
日文④　学研
廣あ

※④：第4学年掲載

出典　文部省「小学校道徳の指導資料第1集第3学年」

1　ねらい

　自分でできることは自分でやり、よく考えて行動し、節度ある生活をしようとする心情を育てる。

2　主題設定の理由（指導観）

●ねらいとする道徳的価値（価値観）

　節度を保つことは大切であるとわかっていても、身勝手な振る舞いになってしまうこともある。節度を守らない主人公のおばあさんを自分との関わりで考えさせ、節度を守ることのよさについての心情を育てたい。

●児童の実態（児童観）

　児童は、当番や係活動など、自分から進んで仕事をすることができるようになっている。一方で、遊びに夢中になり、当番活動を忘れてしまう児童もいる。みんなが自分の事は自分でやり、節度を守って生活できるよさについて考えさせたい。

3　教材について（教材観）

●教材の概要

　海の近くに暮らすじいさんとばあさん。じいさんが漁で金の魚を捕まえた。「わたしを海にもどしてください。どんなお礼でもします。」という金の魚にじいさんは、「お礼なんていらないから、気を付けてお帰り。」と言う。その事をばあさんに話すと、ばあさんはじいさんを怒った。それからじいさんは、ばあさんの願うものを金の魚に頼みに行く。

●教材活用の視点

　次々から次へ欲望を叶えていくばあさん。おかしいと思いながらも分別のある行動を取ることのできないじいさん。ばあさんの欲望がなんでも叶い、最後には、「海の女王になってみたいわねえ！」と言ったばあさんと、無理な欲望を言われたじいさんの思いを考えさせたい。そのあと、元通りに戻ってしまったのには、どのような問題があったのか考えていきたい。

4　指導のポイント

　ばあさんに言われるがままに行動するじいさんや、簡単に願いが叶うため欲張りになるばあさんの行動に注目させて、節度ある生活とはどのようにすればよいのかを「問題解決的な学習」を通して考えさせたい。なぜ節度を守って生活しないといけないのか、多様な感じ方、考え方が出るよう発問に工夫し、節度、節制について考えていきたい。

学習指導過程

	学習活動（主な発問と予想される反応）	指導上の留意点
導入	1　わがままを言ってしまうのは、どんなときか ・ほしい物ねだり。 ・もっと遊びたい。 ・勉強したくないので、だらだらする。	・本時の道徳的価値を捉えるために、課題を提示する。また、みんなでわがままな行いや思いについて出し合うことで、本時の道徳的価値について問題意識をもたせる。
展開	わがままをしないことの大切さを考えよう。 2　『金色の魚』を読んで話し合う ○次から次へと願いが叶うとき、ばあさんはどんな気持ちだったか。 ・これだったら、私の願いはずっと叶うぞ。 ・何でも叶えられるから、もっと上を望む。 ○「海の女王になりたいわねえ！」と言ったばあさんとじいさんはどんなことを考えていたか。 【ばあさん】 ・今まで散々貧乏だったから、少しぐらいわがままを言ってもいい。 ・海の女王になればなんでも叶う。 【じいさん】 ・わがまますぎて、困ったな。 ・欲張りすぎて困ったな。 わがままをしないで丁度よい生活をするにはどんな気持ちが大切でしょうか。 ・欲張らないような気持ち。 ・よく考えて、頼みごとをすればよかった。 ・やり過ぎないようにしようという気持ち。 3　自分のわがままを通して、失敗してしまったことはあるか ・ほしい物ねだりをしてしまって、家族を困らせた。 ・友達と遊ぶときわがままを言って、嫌な雰囲気にしてしまった。	・登場人物に親近感をもってその感じ方や考え方を自分との関わりで想像できるようにするために、臨場感をもって教材提示をする。 ・気が優しいおじいさんと、欲深いおばあさんの対照的な性格を押さえておく。 ・1つ欲望を満たすと、次から次へと望むようになるばあさんに共感させる。 ・両方の考えを出させることにより、分別がある行動を取るためにはどうしたらよいか考えさせる。 ・ワークシートを活用し、自分の考えを書く時間を設ける。 ・限りない欲望は、結局その人に自身の不幸をもたらすことになることに気付かせる。 【評価】 ・よく考えて行動することの大切さについて考えたか。 ・日常生活を振り返って、今までの自分を見つめていたか。
終末	4　教師の説話を聞く	・教師自身が認められてうれしくなり、さらにがんばった経験談を話す。

主として自分自身に関すること

金色の魚

板書計画

2人の登場人物への自我関与を深める板書構成

ばあさんとじいさんの両方の気持ちを出し合い、多面的・多角的に考えられるようにする。

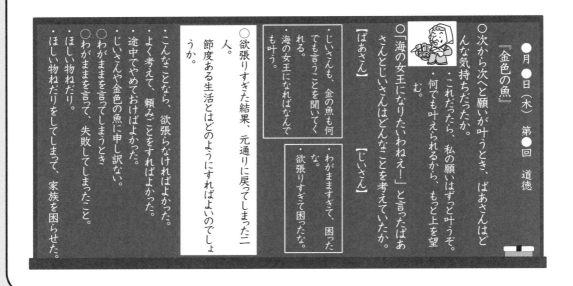

○月○日（木）　第○回　道徳

『金色の魚』

○次から次へと願いが叶うとき、ばあさんはどんな気持ちだったか。
・これだったら、私の願いはずっと叶うぞ。
・何でも叶えられるから、もっと上を望む。

○「海の女王になりたいわねえ！」と言ったばあさんとじいさんはどんなことを考えていたか。

【ばあさん】
・じいさんも、金の魚も何でも言うことを聞いてくれる。
・海の女王になれば何でも叶う。

【じいさん】
・わがますぎて　困ったな。
・欲張りすぎて困ったな。

○欲張りすぎた結果、元通りに戻ってしまった二人。
節度ある生活とはどのようにすればよいのでしょうか。

・こんなことなら、欲張らなければよかった。
・よく考えて、頼みごとをすればよかった。
・途中でやめておけばよかった。
・じいさんや金色の魚に申し訳ない。
・わがままを言ってしまうとき、失敗してしまったこと。
・ほしい物ねだり。
・ほしい物ねだりをしてしまって、家族を困らせた。

授業の実際

1　問題設定の場面

T　「海の女王になりたいわねえ！」と言ったばあさんとじいさんはどんなことを考えていたか。

C　今まで、散々貧乏な思いをしたのですから、少しぐらいわがままを言ってもいい。

C　そんなことを言っても、今まで金の魚に色々願いを叶えてもらっているし。

C　海の女王になれば何でも叶う。

C　いくらなんでもわがままだよ。

C　やっと望みが叶うのに、邪魔しないで。

T　なるほどね。永遠に願いを叶えたいばあさんと、欲張りすぎだと心の中では思っているじいさんなのですね。他の気持ちはありますか。

C　少しくらいならわがままを言ってもいい。

C　おじいさんは気が優しすぎて、何も言えないのよ。

C　金の魚に頼ってばかりではだめじゃないか。

C　でも、海の女王になれば何でも叶うんですよ。

T　わがままをしないで丁度よい生活をするにはどんな気持ちが大切でしょうか。

　それでは、今日は、「節度ある生活」について話をもとに、この問題を考えました。わがままを言わないで、丁度よい生活をするためには、どんな気持ちが大切なのかを考えましょう。

問題解決的な学習のポイント

子どもの問題意識を高め、自己を見つめる時間をしっかりととる。

「節度のある生活」を主題とする。子供の経験を想起させるために、「わがままを言ってしまうときは、どんなときか？」を尋ね、本時の道徳的価値について問題意識をもたせる。

対象的な2人の登場人物からの気付きをもとに、「節度のある生活とはどのようにすればよいのか」について、自分の考えを再構築できるようにする。ワークシートを活用し、自分の考えを書く時間をじっくりととることで、日常生活を振り返って、自己を見つめることができるようにする。

2　問題解決から個々のまとめ

T　わがままをしないで丁度よい生活をするにはどんな気持ちが大切ですか。
C　こんなに欲張らないでがまんしようとする気持ちです。
T　どうしてですか。
C　結局元に戻るなら、はじめから欲張らなければよかった。
T　なるほどね。欲張るのをやめればよかったと感じる人はいますか。
C　います。
T　どうしてですか。
C　はじめお金は持っていないし、一生にないチャンスだしある程度はもらいたい。
C　でも、それが続くと、きりがなくなって続かなくなってしまう。
T　そうですか。節度を守った生活とは、ある程度のところで、やめないといけないということですね。

では、みなさん自分自身のことを振り返ってみましょう。自分のわがままを通して、失敗してしまったことはありますか。

評価のポイント

本時の指導の意図は、適度な度合いに気付かない主人公に自我関与させ、問題意識を持たせ、節度ある生活とはどのようなものか考えることである。

児童が、節度ある生活とはどのようなものか自分との関わりで考えている状況を発言やワークシートから把握する。

主として自分自身に関すること

金色の魚

主 題	内容項目	主として自分自身に関すること

自分の長所と短所　　　Ａ　個性の伸長

第3学年

組木のボール

その他

出典　文部省「小学校道徳の指導資料とその利用3」

1　ねらい

　自分の長所や短所を知ることの大切さに気付き、それらを積極的に伸ばすことで自分のよさを発揮しようとする心情を育てる。

2　主題設定の理由（指導観）

●ねらいとする道徳的価値（価値観）

　個性とは、個人特有の特徴や性格である。自分の特徴に気付くということは、自分の長所だけでなく短所についても気付くことである。その上で、自分の特徴である長所の部分をさらに伸ばしていきながら、自分の個性に気付くように指導したい。

●児童の実態（児童観）

　児童は、大人や友達との関わりの中で、自分の特徴に気付くようになっている。しかし、長所をさらに伸ばしていきたいという前向きな気持ちをもつまでには至っていない。自分の短所にも気付き、自分の長所を伸ばすことの大切さを考えさせたい。

3　教材について（教材観）

●教材の概要

　良夫はお父さんからお土産で組木のボールをもらう。分解はできたが、組み立てるのは難しかった。結局めんどうくさくなって、ばらばらのまま袋の中に入れてしまう。
　次の日、母親に注意力と根気がないとできないと言われてしまう。くやしくなって、もう一度挑戦するが、やはりできない。2、3日後にじゅん一が遊びに来て組み始めた。良夫はじゅん一にできるわけがないと思っていたが、じゅん一は何時間もかかって完成させる。自分よりも走るのが遅く、野球も苦手だと思っていたじゅん一をばかにしていたが、注意力と根気は自分よりも優れていたことに気付き、黙ったままじゅん一の顔を見つめていた。

●教材活用の視点

　自分の短所に気付きながら、自分の長所について考えさせるために、児童を良夫に自我関与させて、自分の長所や短所について知ることの大切さを考えられるようにしたい。

4　指導のポイント

　事前に自分の長所と短所を記入したプリントを導入段階で確かめ、ねらいとする道徳的価値への方向付けをする。さらに展開後段では、仲間からのよさ見つけを活用し、自分の気付いていない長所について確かめ、それらを伸ばしていこうとする心情を育てていく。

学習指導過程

	学習活動（主な発問と予想される反応）	指導上の留意点
導入	1　自分の長所や短所について想起し、発表し合う ○あなたの長所や短所は何か。 ・運動が得意で走るのが速い。 ・字を丁寧に書くのが苦手だ。	・中学年では、長所を伸ばすことを重視するので、短所は気付かせるだけでよい。短所について深く追求しなくてよい。
展開	2　『組木のボール』をもとに、話し合う ＊良夫さんの考えや思いを想像してみよう。 ○どうしても、もとのボールの形にならないとき、良夫はどんな気持ちだったか。 ・どうして、できないんだ。いらいらするな。 ・めんどうだ。別にできなくたっていい。 ・どうしてもできない。くやしい。 ○じゅん一がボールを組み立てているとき、どんな気持ちで見ていたか。 ・ぼくでも、できなかったんだ。どうせ、じゅん一にはできないよ。 ・じゅん一は、ぼくよりも運動ができない。絶対にできない。 ・まだやっている。じゅん一はすごいな。 ◎じゅん一に「きみだったら、もっと早くできると思うよ。」と言われたとき、どんなことを考えていたか。 ・じゅん一にできて、自分にできなくてくやしい。 ・じゅん一は、運動が苦手だけれど、注意力と根気は自分よりもすごい。 ・じゅん一のことをばかにしていて、悪かった。 3　仲間が見つけた自分の長所について確かめる ○仲間が見つけたあなたの長所について確かめ、それを見て、どんな気持ちになったか。	・努力してもうまくいかなくて、イライラしてやめてしまう思いを、自分との関わりで考えられるようにする。 ・「じゅん一には、できない。」という発言が続いた場合、「どうして、じゅん一にはできないと思っていたのだろうか。」と問いかけて、友達を決めつけて見てしまう気持ちを自分との関わりで考えさせる。 ・「じゅん一の注意力と根気を自分と比べてどう思っただろうか。」と問いかけて、友達の長所から自分の長所や短所に気付かされた気持ちを、自分との関わりで考えさせる。 ・仲間からのよさ見つけを活用して、仲間から認められる喜びや自分の気付いていない長所を見つけてもらった喜びから、もっとがんばっていこうとする思いにつなげていく。
終末	4　教師の説話を聞く	・教師自身が長所を積極的に伸ばそうとした経験談を話す。

組木のボール

板書計画

自我関与を通して自分の長所や短所を考えさせる板書構成

場面ごとの良夫の考えや思いが分かりやすい構成にする。

授業の実際

1　人間理解に関わる発問

T　じゅん一が組木のボールを組み立てているとき、良夫はどんな気持ちで見ていたでしょう。

C　ぼくも何度もやってできなかったんだ。どうせ、じゅん一なんかにできっこないよ。

C　じゅん一は、ぼくよりも走るのが遅いし、野球の試合やっても三振やエラーばっかりしているんだ。絶対に組み立てることができない。

C　ぼくが、何回やってもできなかったから、じゅん一にできるはずがない。

T　みんなの話を聞いていると、じゅん一にはできないと言っているね。どうして、じゅん一にはできないと思っていたのだろう。

C　じゅん一は、運動も苦手だし、自分の方ができると思っていたから。

C　自分の方がじゅん一よりもいろいろ上手にできそうだから。

T　なるほど、じゅん一のことをそんな風に見ていたんだね。こんな風にじゅん一のことを見ている良夫を、みんなはどう思いますか。

C　だめだと思う。友達のよくないことを見つけて、ばかにしているようなことはいけないと思う。

C　よくないと思う。じゅん一なんかって言って自分の方がなんでもできるように思っているところがよくない。

T　友達のよさではなくて、よくないところを決めつけて見ることはよくないことだということですね。

T　そんなじゅん一が組木のボールを組み立ててしまったね。

※次の発問につなげていく。

体験的な学習のポイント

友達が見つけた自分の長所から、自分のよさについて考えを深める。

友達を決めつけて見てしまう気持ちを自分との関わりで考えさせるようにする。また、それがよくないことであることにも気付くことができるようにする。

友達の長所から、自分の長所や短所に気付かされた気持ちを、自分のとの関わりで考えさせるようにする。

自分の長所は自分自身では分からないことが少なくない。他者から指摘されて気付いたり実感したりすることも多い。そこで、仲間からのよさ見つけを活用し、自分の気付いていない長所に気付くことができるようにしたり、その長所を味わえるようにしたりする。

2　仲間が見つけた自分の長所を見つめる

T　自分の長所と短所を見つめていくことが大切なのですね。あなたの長所や短所は何でしたか。今日は長所についてもっと考えていきますよ。いつもみんなの長所を書いているものがありますね。

C　よさ見つけ。

T　それでは、よいこと見つけを友達に渡してください。そして、自分の思っていた長所と比べてみましょう。あなたの書いていた長所は自分の気付いていた長所でしたか。新しい長所でしたか。それを見てどんな気持ちになりましたか。振り返ってみましょう。

C　やさしい声をいつもかけてくれてうれしいということが書いてあってうれしかった。これからも、やさしくできるといいと思った。

C　自分にもこんなに長所があるって言ってもらえてうれしい。これからもいろいろなことに挑戦していきたい。

T　自分の短所、足りないところも認めながら、あなたの長所をどんどん伸ばしていけるといいですね。

> ……… **評価のポイント** ………
>
> 本時の指導の意図は、児童が主人公に自我関与して、友達の長所や短所から、自分の長所や短所に気付いたときの思いを考えることである。
>
> また、展開後段で、仲間から認められる喜びや自分の気付いていない長所を見つけてもらった喜びなど、長所についての振り返りの記述から学習状況を把握する。

組木のボール

主 題		内容項目	主として自分自身に関すること

やろうと決めたことは最後まで　A 希望と勇気、努力と強い意志

第3学年

きっとできる

廣　あ

出典　文部科学省「小学校道徳　読み物資料集」
　　　文部科学省「わたしたちの道徳　小学校3・4年生」

1　ねらい

自分でやろうと決めたことは粘り強くやり遂げようとする態度を育てる。

2　主題設定の理由（指導観）

●ねらいとする道徳的価値（価値観）

1人の人間として自立してよりよく生きていくためには自分自身を高めていこうとする意欲が大切である。自分に適した目標を設定しその実現を目指して勇気をもって困難や失敗を乗り越え、粘り強く努力できる態度を養いたい。

●児童の実態（児童観）

児童は自ら目標を立て継続して取り組むことができるようになっている。しかし、辛いことや苦しいことがあると途中であきらめてしまうこともある。あきらめずに粘り強くやり抜くことのよさと大切さを考えさせたい。

3　教材について（教材観）

●教材の概要

シドニーオリンピックで日本人女性として初のマラソン金メダリストに輝いた高橋尚子選手の小学校から高校、大学そしてオリンピック出場に至るまでの話である。自分の思い描いていたようにうまく結果が出ない状況を経て、オリンピックでメダルを獲得するまでの練習の様子やそのときの気持ち、小さな目標を1つ1つ達成していくことが大切だという信念の元に最後までやり遂げようとする思いなどが描かれている。

●教材活用の視点

高橋選手はどんな思いで辛い練習を続けてきたのか。高橋選手の思いを想像し、その思いの支えになっていたものは何かを考えていく。自分自身を振り返り、自分で決めた目標に向かってどのような気持ちでがんばっていくのか考えられるようにしたい。

4　指導のポイント

自分でしようと決めた目標に、粘り強くやり遂げようとする態度を支えている多様な考え方、感じ方を問題として、問題解決的な学習を展開する。そこで導入段階では、児童が今までに粘り強くやり遂げた経験、できなかった経験を想起させ、努力を続けることは難しいことに触れつつ、できたときの支えになったものは何かを、本教材を通して追究させていく。

学習指導過程

	学習活動（主な発問と予想される反応）	指導上の留意点
導入	1　目標を立てて努力したことを想起して発表し合う ○今までに目標を立て達成できたことはあるか。または途中であきらめてしまったことはあるか。 ○アンケート結果を見てください。 ○高橋尚子選手を知っているか。 ○本時の問題を確認する。	・目標を立ててがんばったこと経験について事前にアンケートをし結果を見せる。 ・高橋尚子選手の写真や記事を見せる。
	目標に向かって努力しやり遂げるためにはどのような考えや思いが大切なのだろうか。	
展開	2　『きっとできる』をもとに問題解決を図る ○テレビを見てため息をついたとき、尚子はどんな気持ちだったか。 ・がんばっているのに勝てないな。 ・もっと速くなりたいな。 ・どうしたらいいかな。よい方法はないかな。 ◎辛い練習でも続けることができたのは、尚子のどのような思いがあったからだろうか。 ・ここであきらめたら、なにもなくなる。 ・ライバルに負けたくないし、自分にも負けたくない。 ・小さな目標を決めよう、達成しよう。 ・自分の記録と戦えばいいんだ。 ・走ることは好きだった。あきらめない。 ○自分への挑戦を続け、自分の記録を伸ばしていった尚子をどう思うか。 ・人と比べるのではなく自分と戦う考えがすごい。 ・自分を乗り越えたり、小さな目標を達成していくことがいい。 ・あきらめない強い心がある。 3　目標に向かって努力したときの考えや思いを振り返る ○今まで目標に対して努力を続けられたのはどんな考えがあるからか。達成できてよかったことはあったか。	・努力を続けられる態度を支えている考えや思いを自分事として考えられるようにする。 ・自信をなくして努力をすることをあきらめそうになったときの考え方や感じ方を自分との関わりで考えさせ、人間理解を図る。 ・困難なことがあっても粘り強く努力することの背景にあるものを、自分との関わりで考えさせ、価値理解を深める。 ・目標をやり遂げるために努力を重ねるときの考え方や感じ方を自分との関わりで考えさせる。 ・自分の今までやこれからについてワークシートに記入しグループで意見交流をすることで多様な考えに触れ深く道徳的価値について考えさせる。
終末	4　教師の説話を聞く	・教師自身がやり遂げたときの話をする。

主として自分自身に関すること

きっとできる

板書計画

粘り強い意志をもつ背景の考えを分類した構造的な板書

本時の「強い意志」に関する問題を明示して、教材をもとに自分との関わりで考える学習を促すような板書を構想する。

授業の実際

1 問題設定の実際

T みなさんは何かがんばっていることやできるようになりたいと思っていることはありますか。
C 習い事のサッカーで今よりうまくなりたい。
C 縄跳びの二重跳びの回数を増やしたい。
T 前に目標を立てて努力したことについてアンケートをしましたね、結果です。見てください。
T がんばった、達成できたという人もいましたが、あきらめてしまったという人もいますね。この結果を見て感じることはありますか。
C 努力するのはいいこと。でもできないこともある。
C 努力は大切、でも続けるのは大変。
T ほかの人もそう感じたことはありますか。
（挙手で考えを確認する。）
T なるほどね。努力するのはいいことだと思うのにできないこともある。大変ならやらなければいいと思ってしまいたくなるのに、努力を続けていかれるのはどんな思いがあるからでしょうか。
今日はこのことをみんなで考えていきましょう。
（問題カードの提示）
目標に向かって努力しやり遂げられるにはどのような考えや思いがあるのか。
T それでは今日は『きっとできる』というお話をもとにしてこの問題を考えます。
T この人を知っていますか。
（写真を見せる。）
C テレビで見たことがある。
T シドニーオリンピックの日本人選手です。
（写真や記事で選手の紹介やオリンピックの説明をする。）
（教材提示）

体験的な学習のポイント

目標に向かって努力しやりとげるために必要なことを児童一人一人が自分事として考えられるようにする。

児童の実態をもとに目標に向かって努力を続けることのよさを考えさせるため、努力し続けることを支えるものを問題にする。

児童のこれまでの経験をアンケートをもとに想起させることで、問題を自分事として取らえられるようにする。

目標に向かって努力しやり遂げるためには、「自分の夢をかなえたい」「自分に負けたくない」「好きなことだから続けよう」「あきらめない、結果がでるまでは」という考えが背景にあることを導き、これをもとに一人一人が自分自身の考えを深めていくような振り返りとする。

2　問題解決から個々のまとめ

T　尚子が辛い練習を続けられたのはどんな考えや思いがあったからでしょうか。
C　やっぱりやめようかな。もうできない。
C　辛いけど、やめたら何もできないことになる。
C　ライバルに負けたくない。
C　ライバルだけでなく自分にも負けたくない。
C　絶対にあきらめられない。
C　自分の夢をかなえるには練習を続けないと。
C　自分の記録と戦おう。
C　走ることは好きだったはず、強くなりたい。
T　いろいろな考えが出てきましたね。粘り強く努力するには「自分の夢をかなえたい」「自分に負けたくない」「好きなことだから続けよう」「あきらめない、結果を出すまで」などがありますね。自分の考えに近いものはありますか。

（板書に分類されたものを示しながら、児童に挙手させる）
（基本発問3の後）
T　今まで、目標を立てあきらめないで努力を続けてよかったことはありますか。そのときどんな思いがあって努力を続けられたのでしょうか。今までを思い出し書いて、グループで話し合いましょう。

> ……… 評価のポイント ………
> 本時の指導の意図は、児童が主人公に自我関与させ、粘り強く努力を続けるときの思いを考えることである。
> 努力を続けることについて多様な意見に触れながら、自分事して考えを深めている発言を把握する。

きっとできる

主　題	内容項目	主として人との関わりに関すること
見えない親切	B 親切、思いやり	

第3学年
心と心のあく手

教出④　日文④
学研④　廣あ④
※④：第4学年掲載

出典　文部科学省「わたしたちの道徳　小学校3・4年」

1　ねらい

相手の置かれている状況を想像し、思いやりの心で自分にできることを考え、親切をしようとする態度を養う。

2　主題設定の理由（指導観）

●ねらいとする道徳的価値（価値観）

望ましい人間関係を構築するためには、相手の立場を考えたり、気持ちを想像したりして親切にすることが重要である。ときには相手のことを考え、温かく見守ることがより相手への思いやりになることを理解できるように指導したい。

●児童の実態（児童観）

児童は、困っている状況を把握し、進んで親切にすることの大切さを理解している。しかし、一方的な見方や考え方で、相手の意に沿わない関わりをしてしまうこともある。相手の気持ちをしっかり考えた親切の素晴らしさについて考えさせたい。

3　教材について（教材観）

●教材の概要

学校が終わって「ぼく」が家に向かっている途中で、大きな荷物を持って歩いているおばあさんと出会う。「荷物、持ちます。」と声をかけるが断られる。親切にしようと思っていたのにと残念に思いながら、母にそのことを話すと、おばあさんは歩く練習をしているという説明をしてくれた。数日後、再びおばあさんと出会い、「ぼく」は声をかけるか迷うが、後ろをついていくことにした。家に着いたおばあさんの笑顔を見て、「ぼく」の心はぱっと明るくなり、おばあさんと「心と心のあく手」をした気がした。

●教材活用の視点

相手にとっての親切とは何かを学級全体で考えていく。そこで、前半と後半の「ぼく」の心情を比較することで、自分がしてあげたい親切ではなく、相手の状況をしっか考え、相手が必要としていることを考えることの大切さについて話し合っていくようにしたい。

4　指導のポイント

相手の状況を考え、相手のために何ができるのかを多様な見方・考え方で意見を交流することを通し、問題解決的な学習を展開する。そこで、導入段階で、児童に親切についての経験を想起させ、思ったほどうれしかったり、喜ばれたりしなかった要因は何かを、『心と心のあく手』を通して、追究させる。

学習指導過程

	学習活動（主な発問と予想される反応）	指導上の留意点
導入	1　親切にしたりされたりしたことを想起し、発表し合う ・手伝ってもらってうれしかった。 ・一生懸命やろうとしていたのに、手伝われてちょっといやな気持ちになった。	・親切のよさを確認し、本日の課題意識をもたせるために、場合によっては相手への思いがうまく伝わらなかったり受け入れられなかったことを想起させる。
展開	親切にするには、どのような考えや思いが大切なのだろうか。 2　『心と心のあくしゅ』をもとに、問題解決を図る ＊　「ぼく」の考えや思いを想像してみよう。 ○親切を断られたとき、「ぼく」はどんな気持ちだったか。 ・せっかく声をかけたのに、なぜ、断るのだろう。 ・親切をしているのに、これは親切ではないのかな。 ・遠慮しているのかな。本当に大丈夫なのかな。 ○あばあさんの後を歩きながら「ぼく」はどんなことを考えていたのか。 ・大丈夫かな。何かできることはないかな。 ・熱さの中の練習は、辛そうだな。頑張って。 ・もしものときは、助けたい。 ・おばあさんの家の人は心配しているだろうな。 ◎「心と心のあく手」となる親切にはどんなことが大切と思っただろうか。 ・相手が何をしてもらいたいかをよく考えること ・心で応援する親切もあること ・断られた相手でも、相手の気持ちを考えること 3　今までの親切をしてきたときの考えや思いを振り返る ○今までどんな考えで親切をしてきたか。	・相手の状況を深く考えないで、親切をすることだけに注視している状況を自分事として考えさせる。 ・「断られたら親切ではなかったのか。」と問うことで、親切を自分事として捉えるようにする。 ・相手の気持ちを最優先に考え、行動しようとしている思いを自分との関わりで考えさせる。 ・役割演技を取り入れ、おばあさんの気持ちやぼくの思いの共通点（重なり）に気づかせる。 ・2つの親切の違いに目を向けさせることで、相手への関わり方の大切さを自分との関わりで考えさせる。 ・日頃の生活の中での「心と心のあくしゅ」の場面を紹介し、価値付けする。
終末	4　親切の素晴らしさを考える	・教師が感じている親切の素晴らしさを語り聞かせる。

主として人との関わりに関すること

心と心のあく手

板書計画

2つの親切を対比させ、道徳的価値の理解を促す板書構成

「親切、思いやり」について多面的・多角的に考えられるように構成する。

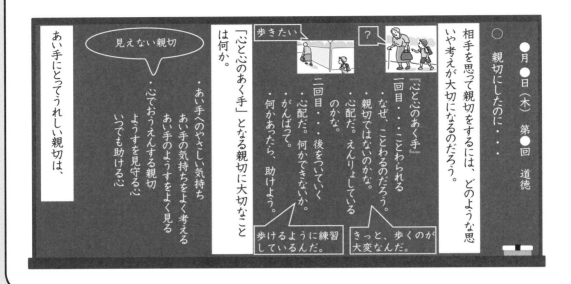

授業の実際

1 問題設定の実際

T みなさんは、人に助けられたり、助けたりして生活しています。今までどんな親切をしたりされたりしたことがありますか。
C けがをした友達に声をかけて、助けてあげたことがあります。
T お友達の気持ちを考えて親切にしているのですね。知らない人に親切にしたことはありますか。それはどうしてですか。
C お店が分からず困っていたので、場所を教えてあげました。
T 困っている気持ちは、どうして分かったのですか。
C あちこち見回していたからです。
T 親切にしたりされたりするとどんな気持ちになりますか。
C うれしい気持ちになります。
T そうですね。親切はしてもされてもうれしい気持ちになるのですね。でも、親切にされたのに、それほどうれしい気持ちにならなかったことはありませんか。
C やろうと思っていたことを手伝われて、ちょっといやになったことがあります。
T でもお友達は、あなたを助けようと思っていたのですよね。相手にとっても自分にとってもうれしくなる親切ができるようになるには、どんな考えや思いがあるとよいのでしょうか。今日は、このことを考えていきましょう。
（問題のカードを提示）

> 親切にするにはどのような考えや思いが大切なのだろう。

　それでは、今日は『心と心のあくしゅ』という話をもとにして、この問題を考えていきます。主人公の「ぼく」が、おばあさんのことをどのように考えているかを想像していきましょう。（教材提示）

問題解決的な学習のポイント

2つの親切を構造的な板書で対比させる。

児童の実態から、目に見える親切だけでなく、見えない親切に支えられていることに気づき、親切をしていこうとする態度を支える考えを問題にする。

多様な見方や考え方に触れられるように、グループで話合う活動を取り入れる。

相手の気持ちや立場を最優先に考えた親切ができるようになるためには、自分が勝手に思い込んだり、自分の都合に合わせたりしないようにすることに気づかせ、自分自身の考えや思いを振り返る。

2　問題解決から個々のまとめ

T　「ぼく」は、2度とも相手のことを思って行動しましたね。でも、2度目の方は、相手に気付かれてもいないのに「心と心のあく手」をした気がしたのはなぜでしょう。2つの親切は、何がちがうのでしょうか。

C　最初は、見ただけで、相手の気持ちまでよく考えていなかったからだと思います。私も相手が困っているとすぐに助けてしまいました。

C　後の方は、相手の気持ちを考えようとしっかり見ていたと思います。

C　何もしなくても見ていたり、応援したりすることも親切になるのだと思います。地域の人も、私たちを心で応援してくれています。1年生が転んだとき、助けていました。

T　相手を思う気持ちは同じですね。でも、どのように行動するかは、よく相手の気持ちを考えないと伝わらないのですね。直ぐに助けない見えない心の親切もあるようですね。見えない親切に気付いたりしたりしたことはありませんか。

T　今までどんな考えで親切にしてきのかを振り返ってみましょう。

────── 評価のポイント ──────

本時の学習の意図は、主人公のとった2つの親切な行為を比較し、親切にするための大切なことを自分に関わらせながら考えることである。

児童が、相手の立場に立って考えたことをグループでの話合い活動の発言や発表から把握する。

主　題	内容項目	主として人との関わりに関すること

生活を支えてくれる人への思いを深めて　B 感謝

第3学年　　　　　　　　　　　　　　　　　　　　その他

あと三十分おくれたら

出典　文部省「小学校道徳の指導資料とその利用 4」

1　ねらい

自分たちの生活を支えてくれる人の存在に気付き、尊敬し感謝する心情を深める。

2　主題設定の理由（指導観）

●ねらいとする道徳的価値（価値観）

よりよい人間関係を築くために相手に対する尊敬と感謝の念は必要である。人が自分のためにしてくれていること、その気持ちに気付くことでそれらは深まる。自分の生活を支えてくれる人の存在意義への理解を深め、その思いに気付くよう指導していきたい。

●児童の実態（児童観）

国語「わすれられないおくり物」や社会科「農家の仕事」では、「感謝」を意図して指導を行った。しかし、自分を支えてくれる人の存在意義やその人の思いについては考え方、感じ方が深まっているとはいえない。それらを深く考えさせる指導が必要である。

3　教材について（教材観）

●教材の概要

正夫に野球を教えてくれる一人暮らしの北川さんが瀕死の状態で救急要請をするが、途中で会話が途切れ、救急隊は必死に北川さんの家を探す。救急隊に尋ねられた正夫と父が北川さんの自宅に案内をする。てきぱきと搬送する姿を見た正夫は、父と救急隊の働きについて話し合いながら帰る。

●教材活用の視点

自分の生活を支えてくれる人の存在意義への理解を深めるために、消防署の人々の働きを知った正夫が考えたことを中心に話し合わせる。また、人がどんな気持ちで自分たちのために働いてくれているのかに気付かせるために、司令室の山田さんの思いと救急隊が1軒1軒、北川さんを捜し回っているときの思いを話し合わせる。

4　指導のポイント

中学年は、まだ具体的な事柄から思考を深める段階から抜けきれていない発達の段階にあると考える。そこで、事前アンケートをとり、自分たちの認識を確認することで問題意識を高め、さらに考え方や感じ方を深めていこうとする問題解決的な学習を取り入れて授業を構想する。

学習指導過程

	学習活動（主な発問と予想される反応）	指導上の留意点
導入	1　事前アンケートの結果を知り、問題意識をもつ ○自分の生活を支えてくれていることに感謝の気持ちを伝えたい人はどんな人ですか。 ・家族　先生 ○本時の問題を確認する。	・自分事から学習問題が生まれるために、アンケートを活用し「感謝の気持ちはどのように生まれるのか。」という問題意識を高める。
	あなたの感謝の気持ちはどのように生まれるのか	
展開	2　『あと三十分おくれたら』を読んで話し合う ○【救急隊の気持ちを考えてみよう】司令室の山田さんや救急隊の人達はどのような気持ちで働いていたのだろう。 ・助けるにはどうしたらいいか必死に考えていた。 ・大変なことになっている。絶対に助けたい。 ・死なないでほしい。助けに行くまで頑張ってほしい。 ◎【正夫の思いを話し合おう】正夫は救急隊の様子を思い出しながら、どんなことに気付いたり考えたりしたのだろう。 ・救急隊のおかげで北川さんの命は助かった。（救急隊の仕事・救急システム） ・命を救う真剣さに感動した。（仕事にかける思い） ・夜中でも、いざというときに自分たちを助けてくれるのだな。普段はあまり気にしていなかった。（自分の生活とのつながり） ・心から感謝したい。（感謝） ○【問題への自分の答え】今日の話合いから、感謝の気持ちはどのように生まれると考えたか。 ・自分と関わっているのが分かって生まれる。 ・その人の気持ちが分かって感謝が生まれる。 3　自分の生活を振り返る ○だれにどんな感謝の気持ちを抱いたか、自分を振り返ってみよう。 ・図書館司書。本の整理や紹介など、見やすく楽しく工夫してくれて、困ると優しく助けてくれる。	・学習問題の解決のために教材を読んで話し合うことを確認する。 ・道徳的価値の理解を深めるために自分の生活を支えてくれる人がどんな気持ちで働いているのかを考える。 ・道徳的価値の理解を深めるために自分の生活と関わる仕事をしている人の存在意義やその人への思いを多面的・多角的に考え話し合わせる。 ・学習問題に対して自分が考えたことを話し合う。 ・自己をじっくりと見つめるためにワークシートを用意する。自己の生き方についての考えを深めさせるために、場面対象が広がるような意図的指名を行い、聞き合わせる。
終末	4　教師の説話を聞く ○登場する方がどんな思いで支えてくださっているのかを考えながら見よう。	・児童を支える方々の写真をスライドショーで提示する。

あと三十分おくれたら

板書計画

登場人物への自我関与を促す板書構成

救急隊員の気持ちや正夫の気持ちを分かりやすく整理し、自我関与を促す。

授業の実際

1 問題の設定

T これはこの間行ったアンケートの結果です。感謝したい人を書きましたね。
C やっぱり家族と答えた人が多い。
T そうですね。家族の他には、先生、友達、おまわりさんにも感謝したいと答える人がいました。
C そうか、それなら、消防士さんもです。
T 消防士さんにも感謝したいですか。
C したいというか、しなくちゃいけないと思います。
T どうしてそう思うのですか。
C 火事のとき、守ってくれるからです。
T なるほど。皆さんはどうですか。
（うなずいている児童多数。）
T なるほど、多くの人がうなずいていますね。そうやってみなさんが（感謝したいな）と思う気持ちはどのように生まれるのでしょうね。考えたことはありますか。

C （あまり反応がない。）
T あまり深く考えたことがない人が多いようですね。今日はそれを考え、みんなで話し合ってみましょう。

> あなたの感謝の気持ちは
> どのように生まれるのだろうか

T このことを考えるために、今日先生が選んだお話「あと三十分おくれたら」です。病気や怪我の人を搬送する救急隊が登場します。問題について考えたり感じたりしたことを後で話し合うことを意識しながら読みましょう。

問題解決的な学習のポイント

自分との関わりで考えられるようにする。

- 導入で子供たちの問題意識を高め、話合いの目的を確認させてから、教材を読むようにする。
- ありがとうは、いつも言っているよ。でも自分がどうしてありがとうと思うのか、考えたことがないな。
- この問題を皆で考えるために、今日はこの話を選んできました。読んでみましょう。
- 多面的・多角的な考えに触れ、自分の考えを深めるようにする。

- 救急隊の仕事内容の理解、使命感・思いやり・生命尊重への気付き、自分の生活との関わりへの気付き
→ こういうことに気付いて「ありがとう」って思うんだな。
→ 生活の振り返りでは、はじめのアンケートよりも、意識の広がりが見られる。

2　中心発問から問題解決へ

> 正夫は救急隊の様子を思い出し、どんなことに気付いたり考えたりしたのか。

C　ぼくの働きで、助けることができた。
C　手遅れになるところだった。救急隊がいてくれてよかった。助け方が早かった。
C　生死に関わるチームワークの力はすごい。毎日、真剣に命を助けているのだ。
T　今、自分の働きのことと、救急隊の働きのことの2つが出ていますが、救急隊について考えている人は他にいますか。
C　野球を教えてくれる人を助けてもらって、今まで考えなかったことを考えた。
T　それはどんなことなのでしょうね。
C　知らない人ではなくて、自分の知り合いだったから、余計にありがとうという気持ちになったと思う。
C　今日の問題と関係しますが自分に関わることになると気付くのだと思います。
C　普段見ない姿を見て、救急隊の気持ちのすごさを感じて感謝したと思います。
T　自分に関わるときや気持ちを知ったときに感謝するのですね。

> ……… 評価のポイント ………
>
> 本時の指導の意図は、「自分の生活を支えてくれる人の存在意義への理解を深め、その思いに気付く」ことである。児童が、自分たちのために働いてくれる人の気持ちについて考えを深める姿や、自分の生活への関わりに気付き考える姿を見取り、学習状況を把握する。

あと三十分おくれたら

主　題	内容項目	主として人との関わりに関すること
真心をもって	B 礼儀	

第3学年　　　　　　　　　　　　　　　　　　　　　その他

失礼おばさん

出典　文部省「小学校道徳の指導資料とその利用2」

1　ねらい

　礼儀の大切さを知り、ときと場に応じて、誰に対しても真心をもって接しようとする態度を養う。

2　主題設定の理由（指導観）

●ねらいとする道徳的価値（価値観）

　礼儀とは、心が礼の形になって表れることであり、礼儀正しい行為をすることによって自分も相手も気持ちよく過ごせるようになる。よりよい人間関係を築くために、礼儀の大切さを考えさせ、誰に対しても真心をもって接する態度を養いたい。

●児童の実態（児童観）

　挨拶や言葉遣いなどの礼儀の大切さは感じているが、行為のみになってしまうことがある。また、特定の人に対してのみ行う一面もある。心と形が一体となって表れる礼儀の本来の意味を理解し、誰に対しても礼の形を表すことができるようにしたい。

3　教材について（教材観）

●教材の概要

　「失礼おばさん」の家には、子どもの本がいっぱいあり、いつも子どもたちが押しかける。失礼おばさんは、子どもたちが礼儀正しい行為をしていないときは、にこにこしながら「失礼というものよ」と言う。子どもたちは、お母さんの言うことは聞かない子でも明るい「失礼おばさん」の言うことはよく聞いた。そして、しかられても、しかられても、失礼おばさんのことが大好きだった。

●教材活用の視点

　心と形が形となって表れる礼儀について、自分との関わりで多面的・多角的に考えたりするためには、実際に挨拶や丁寧な言葉遣いなど具体的な道徳的行為に関する体験的な学習を取り入れる。そして、礼儀のよさや作法の難しさなどを考えられるようにしたい。

4　指導のポイント

　様々な礼儀正しい行動について「どのような気持ちでするのか」「どのようなことを大切にすると気持ちが相手に伝わるのか」という視点で考えさせ、体験的な活動を取り入れる。これらの活動を通して、本時のねらいとする道徳的価値の理解を実感の伴うものとし、行動や態度に移そうとする気持ちを高めさせる。

学習指導過程

	学習活動（主な発問と予想される反応）	指導上の留意点
導入	1　身近な礼儀について想起させ、発表し合う ○自分たちの身の回りにある礼儀にはどのようなものがあるか。 ・挨拶　　　　・丁寧な言葉 ・お礼　　　　・話の聞き方	・身近なところにある礼儀を想起させる。
展開	2　『失礼おばさん』を読んで、礼儀について考える ○「失礼というものよ」としかられて、子どもたちはどんな気持ちか。 ・また言われてしまった。 ・やり直そう。ありがとう。 ・あまり言わないでほしいなあ。 ◎子どもたちは、失礼おばさんが大好きなのはどのような思いからか。 ・自分たちに礼儀について教えてくれているから ・正しいことを教えてくれているから ・自分たちのことを考えて、しかってくれるから ・自分たちのこれからのことを考えてくれているから ○失礼おばさんが、「失礼というものよ」と言いながら、子どもたちに伝えたいことは何か。 ・挨拶は、気持ちを込めて言うことが大切。 ・家にお邪魔したときには、履物を揃えることは大切。その家の人がどう思うかを考えないといけない。 ・礼儀正しい子や、相手のことを考えられる子になってほしい。 ○失礼おばさんから「失礼ね」と言われないような行動とは、どのようなものか。（体験的な活動） ＜あいさつをした児童＞ ・元気よく相手の顔を見て挨拶をした。 ＜くつを揃えて家にあがった児童＞ ・お邪魔しますという思いを込めて失礼のないようにそろえた。 3　礼儀正しさについて自分を振り返る ○　相手のことを考えて礼儀正しく行動したことはあるか。 ・親戚の家に言ったとき、しっかりと挨拶をした。また、ご飯も食べさせてもらったときには、「いただきます」と「ごちそうさまでした」を伝えることができた。	・しかられても嫌な気持ちにはならないのかを問いかけ、「失礼」と言われながらも、言われていることのよさを自分との関わりで考えさせる。 ・「しかられても、しかられても大好き」とはどういうことかを自分との関わりで考えられるようにする。 ・礼儀とは「心が形となって表れたもの」であることの大切さを確かめる。 ・教師が失礼おばさん役になり、その前で子どもたちが気持ちを込めた挨拶をする。 ・状況設定を伝える。 ・挨拶をした児童と、周りで見ていた児童の思いを全体で共有する。 ・「ありがとう」という挨拶について、ペアで行う。 ・導入で話し合った礼儀についても想起させながら、礼儀を意識した自分自身の行動を振り返らせる。
終末	4　教師の説話を聞く	・教師自身が大切にしている礼儀について話す。

主として人との関わりに関すること

失礼おばさん

板書計画

道徳的価値を多面的・多画的に考える板書構成

　本時の「礼儀」について、教材をもとに自分との関わりで考えながら多様な視点で捉えることができる板書を構想する。

授業の実際

1　役割演技

【挨拶】
T　失礼おばさんに「失礼ね」と言われないような挨拶をやってみましょう。
C　こんにちは
T　こんにちは。これからどこへ行くのですか。
C　習い事のピアノに行きます。
T　気を付けていってらっしゃい。
C　ありがとうございます。
（役割演技終了）
T　周りで見ていた人たちは、気が付いたことはありますか。
C　丁寧な言葉を使っていました。
C　相手の目を見ながら挨拶をしていたので、気持ちが伝わったのではないかと思います。
T　やってみてどんな気持ちでしたか。
C　少し緊張したけれど、丁寧な言葉をつかったら、気持ちがよかったです。

【家へお邪魔するとき】
T　失礼おばさんの家にあがるとき、どうしたらよいでしょう。やってみましょう。
C　こんにちは。
T　あら、いらっしゃい。どうぞ中に入ってちょうだい。
C　ありがとうございます。お邪魔します。
（くつを脱いで揃える）
T　あら、くつを揃えているのね。えらいはね。どうして揃えたの？
C　人の家にあがるときは、はいているものを揃えた方が、自分も相手も気持ちがいいし、失礼にならないからです。
T　家の人のことをよく考えているわ。ありがとう。
（役割演技終了）
T　どのようなことを大切にしましたか。
C　挨拶をしてくつのかかとを揃えて家にあがるということです。

体験的な活動のポイント

教師と児童で役割演技を行う。

実際にあいさつをしたり、くつを揃えたりする体験を通して、礼儀の大切さを自分事として考えられるようにする。

即興性に演技をすることを大切にする。
また、演技中に「どうしてそう思ったの？」など、役割を通して問い返すことで、さらに児童が考えたことを深められるようにする。

役割演技を見ていて、礼儀正しい行動について気が付いたことを発表する。

周りで見ている児童にも、見る視点を先に与えて、役割演技を見るようにする。

2　ペアで体験的な活動をする。

T　あなたは、失礼おばさんの家の本を借りて読み終わりました。その本を返します。どのように「ありがとう」と言うと相手に気持ちが伝わるでしょうか。実際に隣の人とやってみましょう。
（ペアで体験的な活動をする）
C1　ありがとう。
（お辞儀をしながら渡す）
C2　どういたしまして。面白かったですか。
C1　はい。貸してくれてありがとうございます。
（教師は様子を見て終わりの合図をする。）
T　やってみて、どのようなことを感じましたか。
C　ありがとうの気持ちを込めて伝えたり、やさしく本を渡したりしました。
T　ただ、本を渡すだけではなかったのですね。
C　その本の感想を伝えることも相手に気持ちが伝わると思います。
T　「ありがとう」の気持ちの伝え方にもいろいろな伝え方があるのですね。

> ………… 評価のポイント …………
>
> 　本時の指導の意図は、児童が「礼儀」について大切なことを考え、それらを実際に体験的することでそのよさをさらに感じられるようにすることである。心が形となって表れる礼儀について自分事として考え、演技や発言などからその様子を把握する。

失礼おばさん

主題	内容項目	主として人との関わりに関すること
友だちを思う気持ち	B 友情、信頼	

第3学年
ないた赤おに

学図④　光村④
光　文　学研④
※④：第4学年掲載

出典 文部省「小学校道徳の指導資料第2集第2学年」

1　ねらい

友達と互いに理解し、信頼し、助け合おうとする心情を育てる。

2　主題設定の理由（指導観）

●ねらいとする道徳的価値（価値観）

信頼に裏付けされた友情とは、友達にとって大切なことを考え、協力を惜しまない関係である。こうした関係を築くには、ときには苦言を呈することも必要となる。友達として大切なことを考えることで、信頼し、助け合う心情を育てたい。

●児童の実態（児童観）

他教科の学習では、グループで助け合い課題を解決する経験を積んでいる。しかし、交友関係が広がりつつある反面、損得や利害関係で友達とトラブルに発展することも少なくない。友達の立場を思いやり、助け合うことのよさを考えさせたい。

3　教材について（教材観）

●教材の概要

人間と仲よくなりたい赤鬼は「ドナタデモ　オイデ　クダサイ」という立て札を立てるが、人間に信じてもらえず、立て札を壊す。そこへやってきた友達の青鬼は、村へ行って大暴れをする自分を赤鬼が押さえつけ、頭を殴ることを提案する。青鬼は実行に移すことをよしとしない赤鬼の手を引っ張り、村人の家まで連れて行く。作戦は成功し、赤鬼は村人と仲よくなる。その後、青鬼の家へ出かけた赤鬼は、赤鬼のために旅に出るという青鬼の置き手紙を読んで、涙を流す。

●教材活用の視点

友達（赤鬼）にとって、自分（青鬼）がどうすることが必要かを考え、行動に移す思いを考えることによって、友達を思う気持ちについて深く考えさせたい。また、自分（赤鬼）を大切に思い、助けてくれた友達（青鬼）と会えなくなった思いを考えることによって、友達と理解し合い、信頼し合うことの大切さを考えられるようにしたい。

4　指導のポイント

友達のことを考えて行動する青鬼の思いを自分との関わりで考えられるように役割演技を取り入れ、体験的な学習を展開する。また、友達のために苦言を呈する内容のショートストーリーを導入で取り入れ、友達を思う気持ちを追求していく意欲を高める。

学習指導過程

	学習活動（主な発問と予想される反応）	指導上の留意点
導入	1　友情に関するパンダとカエルのショートストーリー（人形劇）を視聴し、ねらいとする道徳的価値への方向付けをする ○自分がパンダ君だったらどうすると思うか。 ・「心の友」って言われたら、宿題を写させてしまう。 ・断ると友達関係が壊れそうな気がする。	・友達について、自分事として考える構えをつけるために、友達のカエル君にとって大切なことは何かを考え、友達だからこそ、苦言を呈するパンダ君の思いを考える。
	友達を思う気持ちについて考えよう	
展開	2　『ないた赤おに』をもとに、問題解決を図る ＊　赤鬼と青鬼の思いを考えよう。 ○青鬼は、どんな思いから「ぼくが村で大暴れをするから、ぼくのことをおさえて頭をなぐれば、人間と仲よくなれる」という提案をしたと思うか。 ・赤鬼の怒りをしずめたい。 ・友達として、赤鬼のために何とかしたい。 ・赤鬼の気持ちを人間に分かってほしい。 ○青鬼はどんなことを考えながら、赤鬼に手紙を書いたのだろうか。 ＜自分のことを思う青鬼＞　＜赤鬼のことを思う青鬼＞ ・赤鬼と会えなくなるの　・赤鬼と会ってるところを 　は寂しい。　　　　　　　見られたら、疑われる。 ・人間と仲よくできて、　・赤鬼は、いつまでも人間 　うらやましい。　　　　　と仲よくしてほしい。 ・赤鬼はぼくのこと忘れ　・しばらく会えなくても、 　ないでいてくれるかな。　ぼくは赤鬼を忘れない。 ◎青鬼の張り紙を読んだ赤鬼は、青鬼のどんな思いに気付いて涙を流したのだろうか。 ・青鬼と会えなくのは寂しいけれど、青鬼はもっと寂しいはずだ。 ・ぼくのために、ここまで考えてくれたんだ。 ・青鬼こそ、ぼくの友達だったんだ。 3　自分は友達のために青鬼のようになれただろうか ○友達のことを考えて、行動してきただろうか。	・友達を思う気持ちを自分事として考えられるように、自分の利害に関係するにもかかわらず、友達として赤鬼のことを第一に考える青鬼の思いを考えさせる。 ・青鬼に自我関与して考えるために、役割演技（補助自我技法）を用いる。 ・赤鬼が人間と仲よく暮らしている間のことを追体験して考えたり、友を深く思う青鬼のことも考えたりすることで、友達を思う気持ちを多面的・多角的に考えさせる。 ・板書を振り返りながら、日頃の友達への接し方を考える。
終末	4　教師の説話を聞く	・教師自身が友達に苦言を呈してもらった経験談を話す。

主として人との関わりに関すること

ないた赤おに

板書計画

教材の登場人物に自我関与して考える板書構成

　本時「友情、信頼」に関わる問題を導入での児童の発言から構築し、教材に基づき登場人物に自我関与して考える学習を促す板書を構成する。

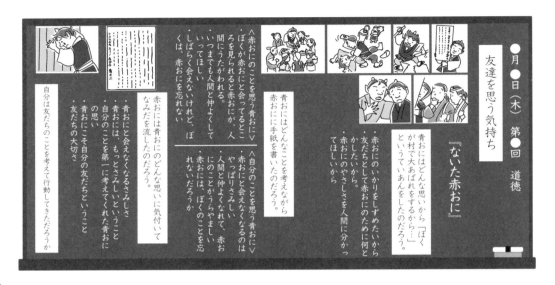

授業の実際

1　導入段階の実際

（パンダとカエルのショートストーリー）
朝学校で…
パ　おはよう、カエル君。
カ　あっ、算数の宿題プリントやってくるの忘れた。プリントの答え写させてよ。
パ　えーっ、見せられないよ。
カ　頼むよ。1問か2問、間違えて書けば、見せたこと、ばれないからさ。
パ　それでも、やっぱり見せられないよ。
カ　そう言わないでくれよ。友達だろう。心の友よ。
パ　友達だからこそ見せられないんだよ。ぼくは君のためを思って言ってるんだよ。
カ　（口、あんぐり…）

T　自分がパンダ君なら、どうしますか。
C　心の友って言われたら、断ると友達関係が壊れそうな気がするから、プリントの答えを写させると思う。
C　友達だからこそ、写させると思う。
C　友達のことを思って、見せないパンダ君はすごいと思う。
C　友達に、ずるいことをしてもらいたくないから、写させないと思う。
T　いろいろな考えがでましたね。友達だからこそ、いろいろ考えるのかもしれませんね。
T　今日は、『ないた赤おに』という話をもとにして、友達を思う気持ちについて考えていきましょう。
（問題のカードを提示）
　「友達を思う気持ちについて考えよう」
T　赤鬼と青鬼が登場します。友達としてどんなことを考えたり、感じたりしたのかを考えていきましょう。
（教材提示）

体験的な学習のポイント

役割演技（補助自我技法）を通して考える。

人間と仲よく暮らす赤鬼のことを追体験して考えたり、友を深く思う青鬼のことを考えたりすることで、友達を思う気持ちを多面的・多角的に考えさせる。

- 赤鬼君と会えなくなることについて、どう思う？
- 見ている側の児童全員にも問いかける。
- 赤鬼君にどんな気持ちになってほしいと思って、青鬼はこの手紙を書いてると思う？

- 会えなくなるのはさみしいよ。
- 赤鬼君と会ってるところを人間に見られたら、赤鬼君が怪しまれてしまう。
- 赤君鬼は人間と仲よくできるんだ。うらやましいよ。
- 赤鬼君と離れるのは寂しい。でも幸せになってほしい。いつまでも仲よくなってほしいと思っていると思います。

2 体験的な学習のポイント

T　青鬼はどんなことを考えながら、赤鬼に手紙を書いたのでしょうね。
　友達のことも大切だけれど、自分のことも大切だと思う心を持った青鬼君と、自分のことより、赤鬼君を大切に思う心を持った青鬼君の2つの役割にします。
C1　赤鬼君と会えなくなるのは寂しいけれど、赤鬼君のためだ。
C2　でも、赤鬼君だけ、人間という友達が増えてうらやましい。
C1　でも、赤鬼君と会ってるところを見られたら、赤鬼君が疑われる。
C2　赤鬼君と一緒にいたい。
C1　人間と仲よくしたいのは、赤鬼君の夢だったんだ。しばらく、旅に出よう。
T　今C1君は、旅に出ようって言ったけれど、どんな思いで旅に出ることを決めたと思いますか。
C　旅に出ても、赤鬼君のことは忘れない。赤鬼君も自分のことを忘れないでほしい。
C　赤鬼君と会えないのは寂しいけれど、旅に出ないと、赤鬼君が疑われてしまう。赤鬼君のためだ。なんてことない。
T　いろいろ考えながら、赤鬼君に手紙を書いたんだね。赤鬼君は青鬼君のどんな思いに気付いて、涙を流したのだろうか。

> ……… 評価のポイント ………
> 　本時の学習の意図は児童が登場人物に自我関与して、友達のために自分はどうしたらよいかを考えることである。役割交代や見ている側にも発言を促すことで、友達を思う気持ちを自分事として考えているかを把握する。

主として人との関わりに関すること

ないた赤おに

主題	内容項目	主として人との関わりに関すること
過ちや失敗を許す	B 相互理解、寛容	

第3学年
ししゅうのあるセーター

その他

出典　文部省「小学校道徳の指導資料とその利用2」

1　ねらい

　過ちや失敗は誰にでもあること、互いに許し合うことの大切さに気付き、相手のことを理解し、自分と異なる意見も大切にしようとする心情を育てる。

2　主題設定の理由（指導観）

●ねらいとする道徳的価値（価値観）

　社会では、多様さを相互に認め、理解しながら高め合うことが不可欠である。また、人間はときに過ちや失敗をおかしてしまう存在である。自らも同様であり、寛大な心で許すことは広がりと深まりのある人間関係を築いていくために必要であるということに気付かせたい。

●児童の実態（児童観）

　3年生の児童は、様々な感じ方や意見があることを理解できてはいるが、違いを受け止められずに感情的になってしまうこともある。また、自己本位に陥ってしまって相手の過ちや失敗に理解を示せないこともある。自分と異なる立場や意見を大切にすることのよさを実感させたい。

3　教材について（教材観）

●教材の概要

　けい子は、ロンドンに住んでいるおばからししゅう入りの白いセーターをもらった。誕生日にその新しいセーターを着て遊んでいると、友人のゆきえがこぼしたジュースがかかってしまう。ゆきえが謝りながらジュースをふいても、けい子はなかなか気持ちがおさまらない。
　父の姿から相手を許すことの大切さに気付いていくけい子と、けい子から許されて喜ぶゆきえの様子を、それぞれの視点から描いている。

●教材活用の視点

　2人に自我関与しながら話し合うことで、不注意から思いがけない出来事があったときの、立場の異なる両者の思い、相手の失敗を受け入れることの大切さについて考えさせたい。

4　指導のポイント

　2人の異なる立場の登場人物に自我関与しながら多面的に考えさせるため、学級を2つに分けて話し合う。その後、立場を交代して、それぞれの人物の思いを全員に考えさせる。中心発問では、ゆきえに声をかけ、許すことにしたけい子の思いを自分事として考えさせる。

学習指導過程

	学習活動（主な発問と予想される反応）	指導上の留意点
導入	1　過ちや失敗を許してもらったときの経験を想起する ○過ちや失敗をして許してもらったとき、どんな気持ちになったか。 ・許してもらえないと思っていたけどよかった。 ・同じ失敗をしないように気を付けよう。 ○本時の問題を確認する。	・具体的な経験を話させるのではなく、過ちや失敗を許してもらって安堵している気持ちを想起させることにとどめる。
	過ちや失敗を許せるのは、どのような考えや思いがあるからだろう。	
展開	2　『ししゅうのあるセーター』をもとに、話し合う ＊けい子とゆきえの考えや思いを想像してみよう。 ○セーターにジュースがこぼれてしまい、けい子やゆきえはどのような気持ちだったのだろう。 （けい子）・大切なセーターが汚れてしまった。 　　　　・ゆきえさんを呼ばなければよかった。 　　　　・ゆきえさんとはもう遊びたくない。 （ゆきえ）・しみになってしまった。 　　　　・けい子さん、ごめんなさい。 　　　　・どうしたら許してくれるのだろう。 ◎けい子はどんな思いで、ゆきえに「もういいわよ。」と言ったのだろう。 ・私もお父さんを見習おう。 ・私だって失敗してしまうことはある。 ・ゆきえさんは一生懸命にセーターをふいてくれた。 ・ゆきえさんはわざとやったわけではない。 ・失敗して謝っている相手を責めずに許そう。 3　相手と考えや意見が合わなかった時の思いを振り返る ○相手と考えや意見が合わなかったとき、どのように接していたか。また、その後どのような気持ちだったか。 ・話し合って解決したらお互いにすっきりした。 ・譲り合えずにけんかになってしまった。	・学級全体を2つに分け、けい子とゆきえの気持ちを自分事として考えられるようにする。交互に発言させるようにし、途中で役割を交代して全員が両者の気持ちを多面的に考えられるようにする。 ・父の姿を見たけい子に自我関与させ、失敗した相手を許すことの大切さを自分事として考えさせる。 ・相手の考えや意見を大切にできたこと、またはできなかったことについて、そのときの気持ちも合わせて児童に考えさせる。
終末	4　教師の説話を聞く	・教師自身が、自分の意見を聞いてもらえてうれしかった経験談を話す。

主として人との関わりに関すること

ししゅうのあるセーター

板書計画

道徳的価値の実現の背景を実感できる板書構成

　本時の「相互理解、寛容」に関わる問題を提示して、教材をもとに道徳的価値の実現のよさを実感させるような板書を構想する。

授業の実際

1　問題設定の実際

T　学校のことでも家のことでも構いませんので、自分の経験を思い出してみてください。これまでに、何か間違えてしまったり、失敗してしまったりして、相手に迷惑をかけてしまったけど許してもらったことはありますか。

C　（手を挙げる。）

T　そのとき、どのようなことを思いましたか。失敗の内容については、話せる範囲で構いません。

C　怒られるかなと心配したけど、許してもらえてほっとしました。

C　友達と遊ぶ約束をしていたのに、泣いていた妹をなぐさめていたら待ち合わせの時間に遅れてしまいました。事情をきちんと話して謝ったら許してくれました。次からは早く連絡しようと思いました。

T　相手にいやな思いをさせてしまって自分もいやな気持ちになっているけど、許してもらえて安心したり、次は気を付けようと思ったりしているようですね。
　では、相手の間違いや失敗でいやな思いをしているのに相手を許せるのは、どのような考えや思いがあるからでしょう。今日はこのことについてみんなで考えてみましょう。

（問題のカードを提示）

> 過ちや失敗を許せるのは、どのような考えや思いがあるからだろう。

　それでは、今日は「ししゅうのあるセーター」というお話をもとにして、この問題を考えます。主人公のけい子さんが、失敗をした友達をどのようして許すことになっていったのか、考えていきましょう。

（教材提示）

問題解決的な学習のポイント

自我関与をしながら考え、話し合う活動を取り入れる。

導入で、児童が過ちや失敗を許してもらった経験とそのときの気持ちを想起させることで、問題を自分事として捉えられるようにする。

1つ目の発問では、双方の立場から考えさせるため、役割を決めて話し合います。2人の思いが同時進行であるため、交互に発言させます。

「過ちや失敗を許せるのは、どのような考えや思いがあるからだろう。」という問題について、中心発問から導き出せるようにする。「自分も失敗してしまうことはある」「相手はわざとやったわけではない」「相手が反省して謝っている」ことをおさえ、一人一人に自分自身と関わらせながら考えさせる。

2 問題解決から個々のまとめ

T （1つ目の発問での板書に注目させながら、）けい子は大切なセーターが汚れてしまって、がっかりしただけではなく、ジュースをこぼしたゆきえに対しての怒りがわきあがってきていましたね。それなのに、けい子は次の日にゆきえに会うと、自分からゆきえに声をかけて許します。けい子は、どんな思いでゆきえに「もういいわよ。」と声をかけたのでしょう。

C 「昨日のお父さんを見習おう。」と思ったんだと思います。

C 自分も失敗してしまうことはあるということに気が付いたんじゃないかな。

C ゆきえが一生懸命にセーターをふいていたことを思い出したんだと思います。

C ゆきえがわざとやったわけではないと思えたんだと思います。

C 失敗して謝っている相手を責めるより許した方がいいと思ったのかな。

T お父さんの姿から、起きてしまったことを改めて見つめ直すことができたのですね。みなさんは、相手と考えや意見が合わなかったとき、これまでどのように接していましたか。また、その後どのような気持ちになりましたか。

> **評価のポイント**
>
> 本時の指導の意図は、児童が2人の登場人物に自我関与して、過ちや失敗を受け止めて許せるときの根底にある思いを考え、自分と異なる意見も大切にしようとする心情を育てることにある。児童の発言や、つぶやきなどから把握して評価につなげる。

ししゅうのあるセーター

主　題	内容項目	主として集団や社会との関わりに関すること

みんなのものを大切に　　C 規則の尊重

第3学年
あめ玉

学図　学研
廣　あ

出典　文部省「小学校道徳の指導資料とその利用 1」

1　ねらい

みんなで使うものや場所を、進んで大切にしようとする態度を育てる。

2　主題設定の理由（指導観）

●ねらいとする道徳的価値（価値観）

集団の一員としてルールやマナーは守らなければならない。そのことを知っていても、なかなか実行できない時期でもある。だからこそ、ルールやマナーを理解し、それらを守るように指導していきたい。そして、社会生活の中で守るべき道徳としての「みんなで使うものや場所を、進んで大切にする」態度にまで広げていきたい。

●児童の実態（児童観）

移動教室などの際は「使う前よりもきれいに」という意識がある児童が多く、後片付けを進んで行う姿が見られる。しかし、常にできている児童は多くなく、それができると、自分やその場所や物を使う人が、すっきりとした気持ちでいられることに気付き、みんなで使う場所やものを大切にすることを考えさせたい。

3　教材について（教材観）

●教材の概要

ある日曜日、駅の構内で「わたし」はチューインガムを踏んでしまった。まわりを見ると、ごみだらけ。わたしは不快な気持ちで電車に乗る。その電車の中で、妹がこぼしてしまったあめ玉を黙々と拾う姉の姿を見たわたしは、その姉妹から「すてきな心のおくり物」をもらったような気がして、すがすがしい気分になっていた。

●教材活用の視点

みんなで使うものや場所に、どうして汚い所があるのかということについて、学級全体で追究していく。みんなで使うものや場所を大切にできる人は、自分のことだけではなく、周りの人やいつかそれを使う人たちのことを考えることができる、というルールやマナーを守ることのよさを考えるようにしたい。

4　指導のポイント

みんなで使うものや場所を大切にすることは、どうして大切なのか考えさせるために、登場人物への自我関与を図る。中心発問でお姉さんの行動と「すてきな心のおくり物」について考えさせ、その背景にあったものを『あめ玉』を通して追究させる。

学習指導過程

	学習活動(主な発問と予想される反応)	指導上の留意点
導入	1 公共の場所の写真を見る ○どうしてこんなことになるのだろう。 ・人が多いから。 ・ごみ箱が少ないから。 ・自分のことしか考えていないから。 ・何も考えていないから。	・社会見学先で見たイートインコーナーや公園の写真を見て、放置されたままのごみや落ちていたごみのことを想起させ、道徳的価値への導入とする。
展開	2 『あめ玉』をもとに、登場人物への自我関与を図る ○くつの底にチューインガムがくっついてしまったとき、「わたし」はどんなことを思ったでしょう。 ・とれないぞ。こまったな。 ・ムカムカする。 ・だれがこんなことをしたんだ。ひどい。 ○女の子があめ玉を拾ったとき「わたし」どんなことを思ったでしょう。 ・かたづけるのは当然。 ・えらいなぁ。 ・手伝おうかな。 ◎「わたし」が「すがすがしい気持ち」になったのは、どんな思いからだろう。 ・妹がぐずっていても、ちゃんと聞いてあげる姿を見て。周りの人のことを考えて行動しているんだなぁと思った。 ・お姉ちゃんが、落としたあめ玉を拾ったから、すごいなあと思って、すがすがしい気持ちになった。 ・拾ったあめ玉をそっとごみ箱に捨てる姿を見て、えらいなぁと思った。 ○わたしがもらったような気がした「すてきな心のおくり物」とは、一体何だろう。 ・人に優しく ・自分だけではなく、周りの人のことを考える心 ・周りに迷惑をかけない気配り、心配り 3 周囲のことを考えて行動ができたことを想起して発表し合う ○周りのことを考えて行動できたことはありますか。	・不快な気持ちとすがすがしい気持ちの両方を視覚化し、分かりやすくするために心情円盤を活用する。 ・自分の考えを明確にするために、すがすがしい気持ちになった背景と、そう考えた理由を発表させる。
終末	4 教師の説話を聞く ○「すてきな心のおくり物」BOXを持ってきました。	・日常生活の中で見つけた児童からの「すてきな心のおくり物」をもらったときのことを話す。

主として集団や社会との関わりに関すること

あめ玉

板書計画

登場人物への自我関与から、道徳的価値の理解を深める板書

「わたし」の思いを分かりやすく示し、その背景を自分事として考えられるように構成する。

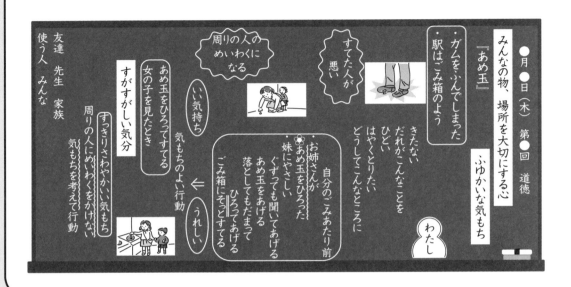

授業の実際

1 中心的な発問での話合い

T こんなに不愉快な気持ちだった「わたし」が、こんなにすがすがしい気持ちに変わったのは、どんな思いからだと思う？
C お姉さんがあめ玉を拾ったからだと思います。
T どうしてあめ玉を拾った姿を見たら、すがすがしい気持ちになるの？
C でも、お姉さんがよいことをしているのを見たから。
C それだけで、そんなに気持ちが変わるかな？だって、ガムを踏んで嫌な気持ちになっているんだよ。
C ガムを踏んだのは、ガムを捨てた人がいるから。
T それは、いい行動なの？
C よくない。だって、ガムを捨てた人のせいで嫌な気持ちになった。でも、お姉さんがあめ玉をひろって、ちゃんとごみ箱に捨てたのを見て、うれしくなったんじゃないかな？
C 妹にも優しいお姉ちゃんだし。
T そんな女の子の姿を見て、すがすがしい気持ちになったっていうこと？
C うん。すうっていうよい気持ちになったんじゃないかな。
T どうして、女の子は、落としてしまったあめ玉をだまって拾ったんだろうね。
C あめ玉を踏んで、転んでしまったら大変。
C そのままにしていたら汚い。
C 拾うのは、当たり前。
T えっ？当たり前？
C だって、自分が落とした物だよ。そのままにしていたら、嫌な気持ちになる。きれいな方が気持ちよいでしょ。このお話のおじさんみたいに、周りの人も、その方がきっと気持ちがよいと思うな。

問題解決的な学習のポイント

児童が自分事として道徳的価値について考えるような発問構成にする。

「すてきな心のおくり物」とは何だろう…という考えざるを得ない発問をすることで、子どもたちがより深くまで考えられるようにする。

「これはいい行動なの」「なぜ、拾わなければいけないの？」と揺さぶりの発問を行い、ねらいに迫っていけるようにする。

「みんなで使う場所やものを大切に使えるのは、どのような考えや思いがあるからだろう」ということについて、登場人物への自我関与を行い、一人一人が自分自身の考えや思いを、理由を付けて答えられるように考えていく。学級の実態によっては、役割演技を用いる展開も考えられる。

2 終末から自分を振り返る

T みんなは、周りのことを考えて行動ができたことはありますか。

C あったかなあ。

T そうなの？先生は、すてきな心のおくりものをもらったような気分になったことがあります。今日は、先生の「すてきな心のおくり物」BOXを持ってきたので、みんなに紹介します。

（教室の中や社会見学の後、ごみ拾いをする様子の写真などを見せる。）

T みんなも先生みたいに、嬉しい気持ちになったことはありますか？みんなで使うところを大事にしたことはありませんか？

C 習字が終わった後に、墨が落ちていたので拭いていると、○○君と○○君が、手伝ってくれました。3人で拭いていたら、手伝ってくれる人がだんだん増えてきました。1人だとなかなか終わらなかったのに、みんなが手伝ってくれてきれいになってうれしかったです。

C そんなこともあったね。

C ぼくは、見つけられなかったけど、ちょっと見つけてみたいな。

C 一緒に見つけよう。

評価のポイント

本時の指導の意図は、児童が主人公に自我関与して、周囲に対する思いやりのよさを考えることである。自分なりの考えをもち、理由や自己の体験を合わせて発言をさせることによって、表面的な考えで終わってしまっていないかを把握していく。

主題	内容項目	主として集団や社会との関わりに関すること
だれに対しても公平に	C 公正、公平、社会正義	

第3学年

同じなかまだから

日文

出典　文部省「小学校道徳の指導資料とその利用 6」

1　ねらい

誰に対しても分け隔てをせずに、公正、公平な態度で接しようとする態度を育てる。

2　主題設定の理由（指導観）

●ねらいとする道徳的価値（価値観）

社会正義の実現のためには、自分が所属する集団や社会において、私心にとらわれることなく誰にも分け隔てなく接し、偏ったものの見方や考え方を避けるよう努めることが重要である。公正、公平にすることのよさを感得できるように指導したい。

●児童の実態（児童観）

児童は、誰に対しても分け隔てすることなく公正、公平にすることのよさを理解できるようになっている。一方で、自分の好き嫌いで相手に対して不公平な態度をとることもある。自分の利害を超えて公平にすることのよさを考えさせたい。

3　教材について（教材観）

●教材の概要

運動会で、とも子たちの学年は「台風の目」を行う。練習の日の朝、ひろしたちは運動が苦手な光夫のことを話題にしていた。すると、登校してきた光夫の指には包帯が巻かれていた。ひろしは光夫に見学を勧め、とも子にも同意を求める。とも子は迷うが、親友のよし子が転校先で不公平にされ悲しい思いをしていることを思い出す。そして、光夫を外して勝とうとすることは間違っていると毅然と主張する。その後、みんなで励まし合って運動会を迎えることになる。

●教材活用の視点

公正、公平な態度を支えている考え方、感じ方を問題として、学級全体で追究していく。自分の利害を超えて公平にすることのよさを考えさせるために、児童をとも子に自我関与させて、分け隔てをすることは間違っていると主張するときの思いを考えられるようにしたい。

4　指導のポイント

誰に対しても分け隔てすることなく、公正、公平に接する態度を支えている多様な考え方、感じ方を問題として、問題解決的な学習を展開する。そこで、導入段階で、児童が公正、公平に接することができた経験を想起させ、その背景にあったものは何かを、『同じ仲間だから』を通して、追究させる。

学習指導過程

	学習活動（主な発問と予想される反応）	指導上の留意点
導入	1　分け隔てをせずに接したことを想起し、発表し合う ○今までに、誰に対しても同じようにしてよかったことはあるか。 ・昨日けんかをした友達だったが、一緒にサッカーをしてよかった。 ・あまり話をしたことがない人だったが、色鉛筆を貸してあげた。 ○本時の問題を確認する。	・人によって違った対応をすることなく接することができたことを想起させる。 ・発言が出にくいときは、具体例を提示するようにする。
	だれにでも分け隔てなくできるのは、どのような考えや思いがあるからだろう。	
展開	2　『同じ仲間だから』をもとに、問題解決を図る ＊とも子さんの考えや思いを想像してみよう。 ○ひろしの言葉に相づちをうつとも子はどんな気持ちだったか。 ・今度こそ勝ちたいなあ。 ・光夫さんがいるからまた負けるかな。 ・そんなこと言ったらかわいそう。 ○ひろしの言葉の返事に困ったとも子はどんなことを考えたか。 ・光夫さんが休めば勝てる。休ませようかなあ。 ・かわいそうだけど休んでほしい。 ・勝ちたいけど、休ませるのはかわいそうだなあ。 ・みんなで力を合わせ頑張らなくてはいけない。 ◎とも子はどんな思いで「同じ仲間じゃないの」と言ったのだろうか。 ・仲間外れにして悲しい思いをさせてはいけない。 ・自分の損得で違った扱いをしてはいけない。 ・みんな同じ仲間だから助け合わないといけない。 3　分け隔てをせずに接したときの考えや思いを振り返る ○今まで誰に対しても同じようにしていたのは、どんな考えからか。	・公平な態度を支えている考えや思いを自分事として考えられるようにする。 ・自分の利害に関わる状況での思いを自分との関わりで考えられるようにする。 ・自分の利益と公平な態度とで迷い、悩む思いを自分事として考えさせる。 ・分け隔てなくしようとする思いの背景にあるものを自分との関わりで考えさせる。
終末	4　教師の説話を聞く	・教師自身が公平にされてうれしかった経験談を話す。

主として集団や社会との関わりに関すること

A
B
C
D

同じなかまだから

板書計画

道徳的価値の実現の背景を追究する板書構成

　本時の「公正、公平」に関わる問題を明示して、教材をもとに自分との関わりで考える学習を促すような板書を構想する。

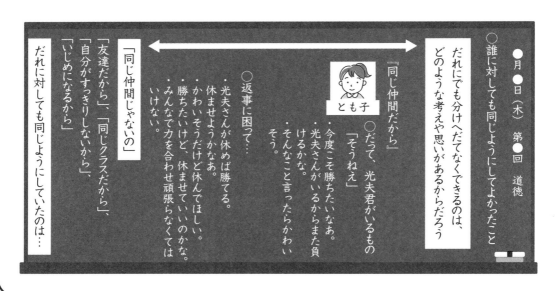

授業の実際

1　問題設定の実際

T　みなさんは、いろいろな人たちと生活をしています。家族や友達、町の人たちもいますね。今までに、誰に対しても同じようにしてよかったことはありますか。

C　誰に対しても同じようにしたことですか。

T　自分の好き嫌いによって接し方をかえなかったことですね。

C　地域でキャンプに行ったときに、違う学校の人がいて、よく知らない人だったけれど、同じクラスで仲良しの友達と同じように仲よくしました。

C　広場でサッカーをしていたときに、隣のクラスの人であまり仲良しではなかったけれど、「入れて」と言われたので、仲間に入れてあげました。

T　なるほどね。知らない人だからと言って、分け隔てをしなかったのですね。ほかの人たちも同じようなことはありますか。

　さて、誰に対しても分け隔てをしないのは、どのような考えや思いがあるからなのかな。今日は、このことをみんなで考えていきましょう。

（問題のカードを提示）

> だれにでも分けへだてなくできるのは、どのような考えや思いがあるからだろう。

　それでは、今日は『同じ仲間だから』という話をもとにして、この問題を考えていきます。主人公のとも子さんが、誰に対しても分け隔てをしないことについて、どんなことを考えたり、感じたりしたのかを想像していきましょう。

（教材提示）

問題解決的な学習のポイント

友達と認め合う心地よさを体感する。

児童の実態から、自分の利害を超えて公平にすることのよさを考えさせるため、公平な態度を支える考えや思いを問題とする。

児童の経験を想起させることで、問題を自分事として捉えられるようにする。

「だれにでも分け隔てなくできるのは、どのような考えや思いがあるからだろう」という問題について、「友達だから」、「同じクラスだから」、「自分がすっきりしないから」、「いじめになるから」という背景を導き、これをもとに一人一人が自分自信の考えや思いを振り返る。

2 問題解決から個々のまとめ

T とも子はどんな思いで「同じ仲間じゃないの」と言ったのでしょうか。分け隔てをしてはいけないと言ったときの、心の中を考えましょう。

C やっぱり、苦手だからと言って仲間外れにすると、友達が悲しい気持ちになってしまうからよくないと思う。

C 友達も悲しい気持ちになるかも知れないけど、自分も嫌な気持ちになります。

C みんな同じクラスの友達なのだから、特別扱いしてはいけないと考えました。

C わたしも勝ちたい気持ちがあるけれど、仲間外れはいじめみたいだからいけないと思った。

T いろいろな考えが出てきましたね。分け隔てをしないのは「友達だから」、「同じクラスだから」、「自分がすっきりしないから」、「いじめになるから」という考えが出ましたね。あとはどのような考えがありますか。それでは、この4つの中で、自分の考えに近いものはどれですか。
（児童の思いを挙手により確認）

T 今度は、みなさんが今まで誰に対しても同じようにしていたのは、どんな考えがあったからかを振り返ってみましょう。
（個々の振り返りとまとめ）

―――― 評価のポイント ――――

本時の指導の意図は、児童が主人公に自我関与して、誰に対しても分け隔てなくできときの思いを考えることである。

児童が、公平な態度の背景となる考えや思いを自分事として考えている学習状況を発言やつぶやきなどから把握する。

主として集団や社会との関わりに関すること

同じなかまだから

主題	内容項目	主として集団や社会との関わりに関すること
働くって楽しい	C 勤労、公共の精神	

第3学年
なんにも仙人

日文

出典 文部省「小学校道徳の指導資料第1集第4学年」

1 ねらい

働くことの楽しさや喜びに気付き、みんなのために働こうとする実践意欲と態度を育てる。

2 主題設定の理由（指導観）

●ねらいとする道徳的価値（価値観）

働くことは、単に自分の生活の維持向上だけでなく、働くこと自体が自分に課された社会的責任を果たすという意味においても重視する必要がある。一人一人が働くことのよさや喜びを知り、みんなのために働こうとする意欲をもたせたい。

●児童の実態（児童観）

児童は、働くことで楽しさや喜びを味わうことがある一方で、働くことを負担に感じたり、面倒に思ったりする様子も見られる。自分の役割を果たすとともに、身の回りの生活の中で、集団の一員としてできることについて考えさせたい。

3 教材について（教材観）

●教材の概要

怠け者の太助が道ばたに転がっているつぼを拾って開けると、「なんにも仙人」というやせこけた男が入っていた。遊んでばかりいる太助と気が合うと言って太助の家に住み始めた仙人は、何も食べていないのに毎日大きくなっていった。しまいには太助が家に入れないほど大きくなり、家に入れず困っていると、近所のおじさんに稲刈りを手伝えと言われる。言われるままに働いてみると、その仕事が楽しくなってしまった。すっかり働き者になった太助が家に帰ると仙人が小さくなっていた。仙人から、太助が働いたので具合が悪くなったと言われる。しかし、太助は働き続けた。ある日家に帰ると、なんにも仙人は影も形もなくなり、つぼの中には、たくさんの小判が入っていた。

●教材活用の視点

働くことを負担に感じたり面倒に思ったりすることや、働くことの楽しさや喜びを考えさせるために、児童を太助に自我関与させる。

4 指導のポイント

働くことのよさは、自分が相手から認められて気付くことがある。自分が働いたことで仲間がどう感じているのか、また、その思いを聞いて自分はどう思っているのかを問いかけることで、働くことの喜びを味わわせたい。

学習指導過程

	学習活動（主な発問と予想される反応）	指導上の留意点
導入	1　自分の仕事について想起し、発表し合う ○あなたはみんなのために学校や家でどんな仕事をしているか。 ・みんなが楽しめる学級遊びを考えたり、進めたりする係活動をしている。 ・日直や掃除で働いている。	・日常生活でみんなのために働いていることを想起させ、ねらいとする道徳的価値への方向付けをする。
展開	2　『なんにも仙人』をもとに、話し合う ＊太助の考えや思いを想像してみよう。 ○働くこともせず、一日中遊んでばかりいる太助はどんな気持ちでいるか。 ・遊んでばかりで楽だな。楽しいな。 ・めんどうなことはやりたくないな。 ・もっと遊びたい。のんびりしたい。 ○近所のおじさんに稲刈りを手伝えと頼まれて、稲刈りをしているとき、太助はどんなことを考えていたか。 ・思ったよりも大変ではないな。 ・稲刈りっておもしろいな。もっとやりたいな。 ・一生懸命がんばるぞ。 ◎太助は働くことのよさはどんなことだと考えたのだろうか。 ・働いたら、お金がもらえる。いいことがある。 ・周りの人に喜んでもらえる。 ・自分の喜びになる。心がうれしくなる。 3　みんなのために働いたときの考えや思いを振り返る ○みんなのために働いて楽しかったことやうれしかったことはないか。	・働くことを負担に感じたり面倒に思ったりする気持ちを、自分との関わりで考えられるようにする。 ・働くことで楽しさや喜びを味わうことができることを自分との関わりで考えさせる。 ・働くこともせず、一日中遊んでばかりいる楽しさと、働く楽しさとの違いに気付くことができるように、「一日中遊んでいるときも楽しかったのではないか。」と問いかける。 ・ねらいとする道徳的価値に関わる働くことのよさ、そのものについて考えさせる。 ・自分のしている仕事が仲間の役に立っていることに気付くことができるように、仕事をしている児童のことをどう思っているか仲間に尋ねたり、さらにその気持ちを聞いてどう思ったか問いかけたりする。
終末	4　教師の説話を聞く	・教師自身の働くことの楽しさや喜びについての経験談を話す。

主として集団や社会との関わりに関すること

なんにも仙人

板書計画

登場人物に自我関与して働くことのよさを考えさせる板書

遊んでいるときと働いているときの気持ちの違いを捉えられるようにする。

授業の実際

1　道徳的価値を把握するための発問

T　家に入れず困っていると、近所のおじさんに稲刈りを手伝えと言われたね。言われるままに働いてみたけれど、稲刈りをしているとき、太助はどんなことを考えていただろう。

C　稲刈りは、やってみたけれど、思ったよりも大変ではないな。

C　稲刈りっておもしろいな。楽しいな。もっとやりたいな。

C　もっと一生懸命がんばるぞ。

T　さっき一日中遊んでいるときも楽しいと言っていたね。ここでも楽しいと言っているけれど、同じなのかな。

C　違う。さっきは自由にしていて、なまけていて楽したかったけれど、今度は、働くことがうれしくて、楽しくなったと思う。

C　自分が仕事をしたことでほめられたり認められたりしてうれしくなり、楽しいのだと思う。

C　仕事にやりがいがあって楽しいのだと思う。

T　みんなが言うように楽しい中身が違うようだね。どうして、太助は朝早く出て行ったり、2人分、4人分と働いたりしたのだろう。

C　働いてお金がもらえてうれしかったし、働くことが楽しくなったから。

C　もっと働いて、がんばろうという気持ちになったから。

C　働くとみんなが認めてくれて、自分がうれしい気持ちになったから。

T　なるほど、みんなは、働くよさって何だと思いますか。（次の発問につなげる）

読み物教材の活用のポイント

係活動や日直など自分との関わりで考えるようにする。

働くことを負担に感じたり面倒に思ったりする気持ちは誰にでもあるものである。そんな気持ちを自分との関わりで考えられるようにする。

働く楽しさや喜びに気付くことができるように、働くこともせず、一日中遊んでばかりいる楽しさと、働く楽しさとの違いを確かめるようにする。

働く楽しさや喜びは、自分自身が一生懸命やっているだけでは、なかなか気付くことができない。自分が働いたことで仲間がどう感じているのか、また、その思いを聞いて自分はどう思っているのかを問いかけることで、働くことの喜びに気付けるように工夫する。

2 働く楽しさや喜びに気付く展開後段

T 授業の始めにも聞いたけれど、みんなのためにいろいろなことをしていますね。みんなのために働いて楽しかったことやうれしかったことはないですか。

C ぼくは、学級遊び係でみんなが楽しめる学級遊びを考えたり、進めたりする係活動をしているけれど、みんなが楽しそうに遊んでいるとうれしい気持ちになります。

C 今、Aさんが学級遊びを考えたり進めたりしてくれていると話してくれたけれど、みんなはAさんがやっている仕事についてどう思っているの。

C いつもみんなが楽しめる遊びを考えてくれるので、うれしい。

C 係活動の時間に本で遊びを調べていてすごい。

T Aさん、BさんやCさんの今の話を聞いてどう思った。

C みんなが喜んでくれてうれしいし、これからも、もっと楽しい遊びになるように工夫していきたい。

T Aさんは、係で働く楽しさとみんなから認められる喜びを感じていますね。とてもすてきなことです。

…… 評価のポイント ……

本時の指導の意図は、児童が主人公に自我関与して、働くことの楽しさや喜びを考えることである。

また、展開後段で、自分のしている仕事に関わって、仲間からの認めや励ましを受けたことで、今どう思っているかなどの発言やつぶやきから本時の学習状況を把握していく。

なんにも仙人

| 主　題 | 内容項 | 主として集団や社会との関わりに関すること |

家族みんなで協力し合って　C 家族愛、家庭生活の充実

第3学年
ブラッドレーのせいきゅう書

東書④　学　図
教出④　光村④
日　文　光文④
学研④　廣　あ

※④：第4学年掲載

出典　文部省「小学校道徳の指導資料第1集第4学年」
文部科学省「わたしたちの道徳　小学校3・4年」

1　ねらい

家族の一員としての自覚を深め、家族の役に立とうとする態度を育てる。

2　主題設定の理由（指導観）

●ねらいとする道徳的価値（価値観）

児童が初めて所属する社会は家庭である。家族が互いに尊重することによって、児童自身も家族の中での自分の立場や役割の自覚を深めることができると考える。家族に貢献することの大切さに気付き、積極的に役に立とうとする態度を育てたい。

●児童の実態（児童観）

お手伝いをすることはよいことだと考える児童は多い。しかし、家族の一員として役に立つという意識をもっている児童は少ない。本時は、児童が家族の一員としての自覚を深めるために、「深化」を意図して授業を行う。

3　教材について（教材観）

●教材の概要

ブラッドレーという少年が、自分が行ったお手伝い等の対価として、母親に請求書を出す。それを見た母親も、病気のときの看病等に対して請求書を出す。しかし、母親の出した請求額は0円であった。ブラッドレーは、母親がブラッドレーに行ってきたことは、報酬のためではなく、愛情や家族に対しての敬愛の心があったからだということに気付く。そして、自分も母親のためにできることをしたいという思いになる。

●教材活用の視点

母親の請求書を見て、自分も母親のために何かしたいと言っているときのブラッドレーの考え方や感じ方について話し合い、価値理解を深めさせる。話合いを深めるために、ブラッドレーが請求書を出すときの気持ちを考えさせ、人間理解を深める。報酬のためにお手伝いをする思いに自分を重ねて、自分のためだけに行動する自分勝手な心とも向き合わせたい。

4　指導のポイント

問題意識をもって学習に取り組み、ねらいとする道徳的価値について自分事として考えられるように、導入では、児童のお手伝いに関するアンケートをもとに問題を提示する。お手伝いをした理由をアンケートに記入させ、「お手伝いや家での仕事をすることは、どのような考えや思いがあるからだろうか。」という問題に対して、展開後段で振り返りを行う。

学習指導過程

	学習活動（主な発問と予想される反応）	指導上の留意点
導入	1　日ごろのお手伝いについてアンケートをもとに想起し、話し合う ・お手伝いをしたことがある、ない。 ・どうしてお手伝いをしたのか。 （こづかい、ほめてほしい、言われたから、弟や妹のため、お母さんがしんどそうだったから） 〇本時の問題を確認する。	・自分の家庭での様子を振り返り、ねらいとする道徳的価値への方向付けを行う。 ・問題を自分事として考えられるように、アンケートをもとに問題を設定する。
	家族が家での仕事をすることは、どのような考えや思いがあるからだろうか。	
展開	2　『ブラッドレーのせいきゅう書』をもとに、問題解決を図る 〇請求書を書いているときのブラッドレーは、どんな気持ちだったか。 ・何を買おうかな。 ・お母さんの仕事をしたから、もらって当たり前。 ・がんばったから、ごほうびがほしい。 〇お母さんからの請求書を見たブラッドレーは、これまで母親がしてくれたことを思い出して、どんなことを考えたか。 ・家族のことが大好きだから、家族のためにいろいろな仕事をしてくれている。 ・お母さんの仕事は、当たり前ではなかった。 〇なみだでいっぱいになっているブラッドレーは、どんな思いで「ぼくにも何かさせてください。」と言ったのだろうか。 ・自分のことしか考えていなかった。ごめんなさい。 ・お母さんのように、家族の役に立ちたい。 ・お母さん、いつもありがとう。 3　家族が家の仕事をしているときの気持ちを考え、自分が手伝いをしたときや家族の役に立ったときのことを思い出し、そのときの考えや思いを振り返る 〇家族が家の仕事をするのは、どのような考えや思いがあるからだと思いますか。自分がお手伝いをするときの気持ちを振り返りましょう。	・お手伝いの見返りを請求しているときの気持ちを主人公に自我関与して考えさせ、人間理解を深める。 ・自分の利害に関わる状況での思いを自分との関わりで考えられるようにする。 ・母親も、自分も家族の一員として生活していることを自覚させるために、母親の請求書を見て、自分にしてくれたことを思い出しているブラッドレーの考えを自分との関わりで考えさせる。 ・家族のために役に立ちたいという気持ちや態度について、自分との関わりで考えさせる。 ・ワークシートを活用し、自分との関わりで振り返らせる。 ・記入後に、家族に対しての自分の関わり方や思いについて深めるために、互いの考えをペアで発表し合った後、全体で発表させる。
終末	4　教師の説話を聞く	・教師自身が家族の愛情に気付き、家族のために行動したときの経験談を話す。

主として集団や社会との関わりに関すること

ブラッドレーのせいきゅう書

板書計画
自分との関わりで問題を考える板書構成

　本時の「家族愛、家庭生活の充実」に関わる問題を明示して、教材をもとに自分との関わりで考える学習を促すような板書を構想する。

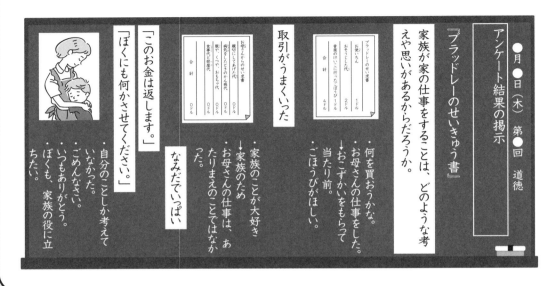

授業の実際

1　問題設定の実際

T　みなさんのお手伝いアンケート結果をみて、思ったことはありますか。
C　人によって、お手伝いをする理由が違います。
C　お手伝いをしたことがある人がほとんどだけれど、毎日している人は2人だけで少ないです。
T　そうですね。お手伝いをした理由で一番多かったのは「お願いされたから」と、「おこずかいをもらえるから」というもの、それから「妹や弟のため」でした。
C　おこずかいがもらえるの。すごい。いいなぁ。
C　妹や弟のためにお手伝いをするなんて偉いなぁ。
T　他にも、「お母さんがしんどそうだったから」や、「誕生日プレゼントにお手伝いをする」等、いろいろな理由がありました。
C　確かに、誕生日プレゼントでお手伝いをすることがあります。
T　今日は、みなさんを含め、家族が、家の掃除をしたり、ご飯を作ったり、洗濯をしたり、家の仕事をするときには、どのような考えや思いがあるからなのかを考えていきましょう。
（問題カードの提示）

　家族が家での仕事をすることは、どのような考えや思いがあるからだろうか

T　今日は、『ブラッドレーのせいきゅう書』という話をもとにして、この問題を考えていきます。主人公のブラッドレーが、お母さんの手伝いをしてどんなことを考えたり、感じたりしたのか、想像していきましょう。
（教材提示）

問題解決的な学習のポイント

児童に問題意識をもたせるように授業展開を構想する。

【問題設定】児童からのアンケートをもとに、児童の実態を把握し、また児童自身にも情報を共有することによって、問題意識をもたせる。

↓

【発問1】意図：お手伝いの見返りを請求しているときの気持ちを主人公に自我関与して考えさせる。（人間理解）

↓

【発問2】意図：母親も、自分も家族の一員として生活していることを自覚させるため。

↓

【中心発問】
意図：家族のために役に立ちたいという気持ちや態度について、自分との関わりで考えさせる。（価値理解）

→ 【個々のまとめ】
自分の経験を想起し、問題を自分事としてとらえるために、もう一度導入のアンケートを振り返らせる。そして、ワークシートに自分の考えを書かせる。
ペアで共有後に、全体で発表させ、友達との話し合いを通して、多様な考え方や感じ方を学べるようにする。

2 問題解決から個々のまとめ

T なみだでいっぱいになっているブラッドレーは、どんな思いで「ぼくにも何かさせてください。」と言ったのだろうか。
C お母さんの気持ちが伝わったと思う。
T どんな気持ち。
C 大好きだからお金はいらない気持ちです。
C お母さんは、お母さん自身のためではなく、自分のためにしてくれていたから、反省したと思います。
C お母さんの大切さに気が付きました。
C お母さんが大変だったことに気が付いて謝りたいと思ったと思います。
C お母さんのことを助けて、お返しがしたい。
T なるほど。家の仕事をするのは、「家族が大好きだから家族のため」「家族の大切さ」「助け合いたい」という考えが出てきましたが、自分の考えに近いものはどれですか。（児童の思いを挙手により確認）

T 今度は、みなさんの生活の中で、家族や自分が家の仕事をするのは、どのような考えや思いがあるからですか。（アンケート結果を振り返りながら）自分がお手伝いをするときの気持ちを振り返りましょう。
C みんなで助け合って、みんなが疲れないようにしたい。
C 自分のことばかり考えないで、家族のことを考えたい。

--- 評価のポイント ---

・家族のために役に立ちたいという気持ちや態度について考えることができたか。（発言、態度）
・お手伝いをした経験、家族の役に立った経験を振り返り、家族で助け合うことの大切さについて考えることができたか。（ワークシート、発言、態度）

ブラッドレーのせいきゅう書

主題	内容項目	主として集団や社会との関わりに関すること

学校を思う気持ち　　Ｃ よりよい学校生活、集団生活の充実

第3学年
風船と花のたね

その他

出典　文部省「小学校道徳の指導資料とその利用2」

1　ねらい

学校を大切にし、みんなで協力し合って楽しい学級や学校をつくろうとする心情を育てる。

2　主題設定の理由（指導観）

●ねらいとする道徳的価値（価値観）

私たちは学校をはじめとする様々な集団や社会に属している。その一員として、互いに思いやり活力あふれる学級や学校をみんなでつくっていくことが求められる。学校のよさや受け継がれているものを大切にしながら、よりよい学校生活をつくろうとする気持ちを育みたい。

●児童の実態（児童観）

集団という意識が高まり、みんなでよりよい学級をつくっていこうとする気持ちがある。今後はさらに学校全体を視野に入れて、よりよい学校生活を自分たちでつくっていくことに感心をもたせたい。そして、学校のよさを感じ充実した学校生活を送ることができるようにしたい。

3　教材について（教材観）

●教材の概要

山下小学校の開校100周年を祝って風船が飛ばされた。その半年後、校長室にコスモスの種と手紙が届いた。その手紙は、20年前の卒業生「わたし」からのものだった。風船についているカードから「思いやりの心」が100年も引き継がれていることに感心し、「わたし」の心にも今でも生きているということを伝えるものだった。そして、自分の庭に咲いたコスモスの種も一緒に添えられていた。

●教材活用の視点

自分たちの学校のよさや受け継がれているものには、目に見えるものだけではなく、内面的な部分もあることに気付かせる。一面的な見方から多面的な見方へと広げさせ、さらにこれからの学校生活をよりよくしてこうとする気持ちを育みたい。

4　指導のポイント

「わたし」の手紙に込めた思いと、それを受け取った山下小学校の児童の思いの両方から学校のよさを自分との関わりで考えさせる。その後、改めて自分の学校について振り返り、そのよさや伝統を見つめ直すことで、これからの学校生活をどのように過ごしていきたいかを考えられるようにする。

学習指導過程

	学習活動（主な発問と予想される反応）	指導上の留意点
導入	1　学校のよさを想起させ、発表し合う ○自分たちの学校のよいところはどこか。 ・給食がおいしい。 ・校舎がきれい。	・学校生活で自分が感じる学校のよさを想起させる。
展開	2　『風船と花のたね』を読んで、学校への思いについて考える ○風船についているカードを見たとき、わたしはどんなことを思ったでしょう。 ・なつかしい。 ・卒業して20年もたっているのに、うれしい。 ◎「わたし」は、どのような思いから手紙を書いたのだろう。 ・昔から受け継がれている「思いやりの心」をいつまでも大切にしてほしい。 ・「やさしい心」「思いやりの心」が今も大切にされていてうれしい。 ・今も、学校で学んだ「やさしい心、思いやりの心」という言葉が私の心に生きていることを伝えたい。 ・山下小学校の卒業生としてほこりに思う。 ○この手紙とコスモスの種を受け取った山下小学校の子どもたちはどんな気持ちになったか。 ・学校のよいところを改めて感じた。 ・卒業生の思いを受け継いで、自分たちも大切にしていきたい。 ・自分たちの学校はすごい。 ・卒業生で、山下小学校を今でも大切にしている人がいるなんて知らなかった。 3　自分たちの学校のよさや伝統を振り返る ○　自分たちの学校の中で、これからも大切にしていきたいことや守っていきたいことはどのようなところか。 ・やさしい人が多い。 ・あいさつをする人がたくさんいる。 ・外で遊ぶ人が多い。	・母校のよさを思い出すきっかけがカードであることを確かめる。 ・学校の伝統である「思いやりの心」「やさしい心」をこれからも大切にしてほしいという強い願いや思いがあることを自分との関わりで考えさせる。 ・自分たちの学校のよさについて、改めて感じたことやこれから自分たちの学校をどのように大切にしていきたいかを自分との関わりで考えさせる。 ・自分たちの学校を多面的・多角的に考えさせるために、ワークシートを活用する。 ・導入での内容からさらに学校に通う子どもたち同士の気持ちや行為など、内面的な部分についても目を向けさせ、学校のよさを広げる。
終末	4　教師の説話を聞く	・教師自身が感じている学校のよさを話す。

主として集団や社会との関わりに関すること

風船と花のたね

板書計画

教材を自分との関わりで考える板書構成

　本時の「よりよい学校生活、集団生活の充実」について、時代を超えても学校を思う気持ちは共通であることを感じさせる板書を構想する。

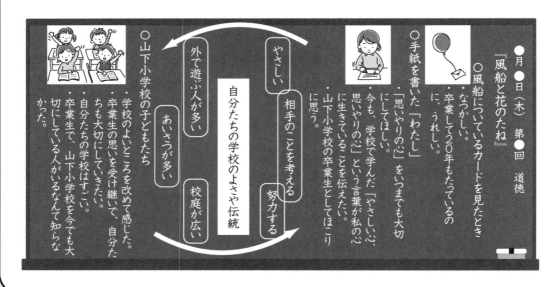

授業の実際

1　中心発問

T　「わたし」は、どのような思いから手紙を書いたのでしょうか。

C　自分たちの時代から受け継がれている「思いやりの心」を、いつまでも大切にしてほしいという思いや願いを込めていると思います。

C　卒業した後も、「わたし」が大切にしていることだし、小学校で学んだことが今の生活にもつながっているから、やっぱり同じようにみんなにも「思いやりの心」を大切にしてほしいのではないかと思います。

T　なるほどね。自分が小学校で学んだ思いを今でも大切にしているからこそ、母校のみんなにも同じようにこれからも大切にしてほしいのかな。

C　「やさしい心」「思いやりの心」が今も大切にされていてうれしい。

T　たしかに。それらの気持ちが今も受け継がれていることはうれしいですね。

C　今も、学校で学んだ「やさしい心、思いやりの心」という言葉が私の心に生きていることを伝えたい。

C　山下小学校の卒業生としてほこりに思っていると思います。

T　小学校生活で学んだことが、今の自分の生活にもつながっているのですね。風船につけられたカードには、「手紙を書いてください」とは書いてありません。必ず書かなくてもよいのに、わざわざ手紙を書いたのには理由があるのでしょうか。

C　それだけ、伝えたい思いが強かった。

T　もう少しくわしく教えてくれますか。

C　思いやりの心ややさしい心を大切にしてほしいという思いです。書いたときの思いと似ていて、学校のことが好きだったし、みんなにも伝えたかったのだと思います。

読み物教材の活用のポイント

学校のよさについて話し合うことを通して自分事として考える。

- 学校のよいところを行動面だけでなく、心情面についても目を向けられるよう板書を分けながら整理する。
- 目に見える「よさ」が中心となって出されたときには、その行為の支えとなっている思いを問いかけ、児童の考えを広げさせる。
- 今までの自分の学校生活をあらゆる場面から想起させ、自分事として捉えられるようにする。

2　振り返り

T　学校の中で、これからも大切にしていきたいことはどのようなところですか。
C　あいさつをたくさんするところです。
C　給食がおいしいところです。
C　休み時間に外で遊ぶ人がたくさんいます。
（心情面と行動面の2つに分けて板書で整理する）
T　なるほど。いろいろありますね。どうしてみなさんはこれらを大切に守っていきたいと思うのですか。
C　学年関係なく挨拶をしたりされたりするとうれしいからです。
C　挨拶されると元気がでます。
T　元気がでたり嬉しくなったりするような挨拶とは、どのような挨拶ですか。
（実際にその場で動作化をする）
T　気持ちが相手に伝わるように挨拶をしているのですね。
T　相手のことを考えて挨拶をしているので、そのような気持ちも学校として大切なことに含まれますか。
C　含まれています。その気持ちもみんなで大切にしていきたいです。
T　他にも、気持ちの面でありそうですね。
C　努力する気持ちも大切だと思います。目標にむかってがんばる人が多いからです。

……… 評価のポイント ………

本時の指導の意図は、自分の学校のよさに多面的・多角的な視点から考えることである。児童が、新たな気付きとともに改めて自分の学校のよさを自分事として考えている学習状況を発言やワークシートなどから把握する。

主として集団や社会との関わりに関すること

風船と花のたね

主　題	内容項目	主として集団や社会との関わりに関すること

日本の文化や伝統を大切に　C 伝統と文化の尊重、国や郷土を愛する態度

第3学年
ふろしき

東書④　光村
日文　廣あ
※④：第4学年掲載

出典　文部省「小学校文化や伝統を大切にする心を育てる」

1　ねらい

我が国に伝わる文化や伝統のよさを知り、大切にしていこうとする心情を育てる。

2　主題設定の理由（指導観）

●ねらいとする道徳的価値（価値観）

我が国や郷土の伝統や文化に関心を寄せ、次代に受け継いでいくことが国や郷土を愛する心へとつながる。中学年では、地域の学習を中心として、伝統や文化について理解を深め、これらに親しむ気持ちを育てていきたい。

●児童の実態（児童観）

この時期の児童は、社会科などで地域の学習をしているが、我が国のよさについて考える機会は少ない。実際にふろしきの体験を通して日本の文化や伝統に触れ、受け継がれてきたものに関心がもてるようにしたい。

3　教材について（教材観）

●教材の概要

ふろしきになじみのなかった「わたし」がふろしきを見つける。母から様々な使い方を教えてもらう中で、その利便性に驚き、感心する。そして、ふろしきの他にも日本の古いもののよさを知り、使ってみたいと考える。

●教材活用の視点

我が国の家庭で伝統的に使用されてきたふろしきを取り上げる。本時では、「わたし」の気持ちに自我関与させながら伝統や文化について考え、受け継がれてきた日本のよさについて関心がもてるようにしたい。

4　指導のポイント

ふろしきを使用したことがある児童はほとんどいない。そこで、体験的な活動を取り入れる。教師が主人公のお母さんのようにふろしきの実演を行ったり、ふろしきを使って実際に包んだりして、日本の伝統や文化に触れられるようにする。また、ふろしきの他にも代々受け継がれてきたものがあることに触れ、これらに親しむ気持ちを高められるようにする。

学習指導過程

	学習活動（主な発問と予想される反応）	指導上の留意点
導入	1　日本で続いてきた伝統や文化にどんなものがあるか話し合う ○昔からずっと続いている日本のものにはどんなものがあるか。 ・着物　・畳　・昔遊び　・浮世絵 ○本時の課題を確認する。	・児童にとってあまり身近に感じられない場合があるため、写真を用意していくつか例をあげる。 ・ふろしきを見せて、児童の実態を把握する。
	昔から続いている日本のよさについて考えよう。	
展開	2　『ふろしき』を読んで話し合う ○ふろしきで包んでいる「わたし」はどんな気持ちだったか。 ・こんなものも包めるの。 ・模様も大きさもいろいろあるね。 ・持ちにくいものも持てるね。 ◎お母さんの実演や自分で実際に包んでみて、「わたし」はどう思ったか。 ・布一枚でこんなことができるんだ。 ・こんなに便利だとは知らなかった。 ・今まで知らなかったけど、これから使ってみたい。 3　日本の伝統や文化のよさについて考える （冒頭の写真等を確認しながら） ○便利になった今でも昔のものが生活の中に残っているのは人々のどんな思いがあったからだろうか。 ・大切なものだから。 ・みんなが楽しむものだから。 ・外国の人にもよさを分かってほしいから。 ○自分自身を振り返って、日本の伝統や文化のよさについて考えたことを書こう。	・ふろしきで包む様子を実演したり、実際に自分で体験したりする。経験不足な児童が多いため、体験的な活動を通して「わたし」の思いを考えさせる。 ・昔から使われてきた物のよさについて、体験的な活動から自分との関わりで考えさせる。 ・日本で今でも続いている伝統や文化について確認し、便利になった現在でも愛されている背景考えさせる。 ・ふろしきだけでなく、他の日本のよさにも目を向けさせるようにする。
終末	4　教師の説話を聞く	・教師自身が持っている道具を見せ、大切に使っている話をする。

ふろしき

板書計画

日本の伝統や文化に触れ、そのよさを考える板書構成

ふろしき以外の日本の伝統・文化に触れ、自分事として多面的・多角的に考えられるようにする

授業の実際

1　体験的な活動

（授業の導入で児童の実態を把握する。）
T　これは何でしょう。
C　ハンカチ。
T　似ていますが、昔から日本で使われてきたものですよ。
C　布だよね。
C　分かった、ふろしきだ。
C　おばあちゃんが使っているよ。
C　初めて見た。
（体験的な活動）
T　ふろしきにはいろいろな種類があります。
C　いろいろな大きさがあるよ。ちょっと布も違うね。
C　わあ、きれい。
（教師がお母さん役になり、実演をする。）
（重箱、ペットボトル、教科書など）
C　中に何が入っているの？
C　あ、ペットボトルが2本入っている。
（実際に持ってみて）
C　すごいね、形がいろいろあるのに何でも包めるね。
○ふろしきを触ってみたり包んでみたりする。（すいかの代わりに学校にある丸いボールを使って包む体験をする）
T　では、ふろしきを配ります。わたしの気持ちを考えながらボールを包んでみましょう。
（包み方を教える）
C　思ったよりかんたん。
C　本当だ、2人で持てるよ。
C　便利だねえ。
T　同じようにお母さんの実演や体験をした「わたし」は、どんなことを思ったでしょうか。
（自分との関わりで考えさせる）

体験的な学習のポイント

実際に体験することで日本の伝統文化について自分事として考える。

> ほとんどふろしきを使用したことがない児童の実態から、あらかじめ用意していた道具をふろしきで包んで見せ、自分で包む体験をする。

> 日本の伝統文化のよさについて考えさせるために、ふろしき以外のものにも目を向け、なぜ今でもそれらが愛され続けているのか、話し合わせる。

> ペアになってふろしきで包みました。両端をお互いに結んで引っかけるだけなので、簡単かつ持ちやすく感動しました。

> 歌舞伎やおせち料理、螺鈿細工、江戸切子の写真を見せる。

2 日本の伝統文化のよさについてのまとめ

T 「わたし」が言っているように、ふろしき以外でも、昔から日本で愛されてきたものがたくさんありますね。
（冒頭の写真などを使って確認）

T 生活がこんなに便利になったのに、今でも残っているのは、人々のどんな思いがあったからでしょう。

C とても大切なものだから受け継ぎたい。

C みんなで楽しめるものだから。

C 外国の人たちにも、日本のよさを知ってもらいたいから。

T みなさんは日本の伝統や文化のよさについて、どう思いましたか。自分自身を振り返って考えましょう。
（ワークシートに記入）

C 今まで日本のよさについて考えたことがありませんでした。みんなが楽しむものと聞いて、「なるほど。」と思いました。

C 今日の勉強で、日本のよいところがたくさんあることを知りました。ぼくはあまり大切に思っていませんでしたが、これからは昔のものも大事に使っていきたいです。

評価のポイント

本時の指導の意図は、体験的な活動から日本の伝統や文化に触れ、その時に感じた思いを考えることである。児童が、昔から受け継がれてきたよさに対する考えや思いを自分との関わりで考えている学習状況を発言やワークシートなどから把握する。

主として集団や社会との関わりに関すること

ふろしき

主題	内容項目	主として集団や社会との関わりに関すること
それぞれの国のよさ	C 国際理解、国際親善	

第3学年
三つの国

東書

出典 東京書籍「新しいどうとく3」

1 ねらい

他国の人々や文化に関心をもち、親しもうとする態度を育てる。

2 主題設定の理由（指導観）

●ねらいとする道徳的価値（価値観）

グローバル化が進展する今日、国際理解や国際親善を深めようとする児童を育てることは重要である。自国や他国の文化の共通点や相違点に気付き、そのよさを感じ関心をもって親しもうとする態度を育てていきたい。

●児童の実態（児童観）

音楽で日本の歌を歌ったり、ローマ字の学習を通して他国の人との関わりを考えさせたり、自国や他国の文化の共通点や相違点に気付かせる指導をしているが、そのよさについてじっくりと考えさせる指導が必要である。

3 教材について（教材観）

●教材の概要

アメリカに住む「わたし」の父はカメルーン人、母は日本人である。日常生活の中で父母の教育方針が違ったり、母の言うことと学校での指導が違ったり、三つの国の違いで困ることもある。しかし、共通することもあり「わたし」は面白いと感じている。ある日、カメルーン対日本のサッカーの試合を家族で楽しく応援する。

●教材活用の視点

自国と他国の共通点や相違点があるよさについて考えさせるために、「わたし」が相違点や共通点に関心をもったことをもとに、「これからも三つの国の素敵なところをたくさん見つけていこう」と考えたことを中心に話し合わせ価値理解を深める。この話合いを深めるために、1つ目の発問では他国との違いに直面したとき気持ちを話し合わせ、違いをよいものだと思えないときもある人間理解を深めたい。

4 指導のポイント

自分との関わりで考えることができるよう、導入で身近にある他国や他国の人と関わった経験などを引き出し、関心を高めておく。各学校の実態によって、他国の人との関わりが多い場合や、テレビ等で見ることでしか違いを感じることがない場合など、児童の体験は様々であろう。実態に応じて、児童の感じ方を十分に引き出し、共有しておく必要がある。

学習指導過程

	学習活動（主な発問と予想される反応）	指導上の留意点
導入	1　日本と他の国との違いを話し合う ○他の国のことで、自分たちとはずいぶん違うと思ったことはあるか。 ・手でお米をまとめて食べる国がある。 ・学校におやつを持っていっていい国がある。	・他の国のことを自分との関わりで考えられるようにするため、違いに驚いたり関心をもったりした経験を話し合う。
展開	2　『三つの国』を読んで話し合う ○三つの国の中で生活して困ることがおきたとき、どんなことを考えているのか。 ・どれが正しいのか、分からない。 ・なぜ違うのだろう。一緒だといいのに。 ・国によって違うのは困る。 ◎どんな考えで「三つの国の素敵なことをたくさん見つけたい」と思うのか。 ・違うからおもしろい。（違いを受け止める感じ方） ・違いはあるけど、心は同じ。（共通する気持ち） ・どの国もいい国。（違いを認める態度） ・他国をもっと知りたい。（他国への関心） ・もっと違うところを見つけてその国を知りたい。 3　自分自身を振り返る ○日本と他の国が違って、両方ともいいなと思うことはあるか。 ・食。和食も好きだし中華料理も好き。 ・言葉。日本語だけでなく英語も話してみたい。 ・建物。お寺もいいし、お城もいい。 ・服。着物や浴衣がいい。ドレスもすてき。 ・オリンピック。どの国も頑張ってすごい。	・国による文化の違いのよさに気付かないときの気持ちを考えさせるために、違いに直面し困るときに考えることを話し合う。 ・国による違いのよさについて考えさせるために、他の国との違いを進んで見つけていこうとする考えを多面的・多角的に話し合わせる。 ・自分との関わりで考えさせるためにワークシートを活用する。 ・文化の相違に気付くことが難しい児童のために、ワークシートに取り組む前、数人に発表させ、振り返りの視点を与える。 ・自己の生き方についての考えを深めるために互いの振り返りを聞き合わせる。
終末	4　教師の説話を聞く ○ALTからの動画メッセージを見よう。	・他国の人々や文化に親しもうとする態度を育てるために、ALTからの動画メッセージを見せる。日本に来て感じた相違点や共通点のよさを語ってもらうよう依頼しておく。

主として集団や社会との関わりに関すること

三つの国

板書計画
児童の考えを構造的に板書する構成

児童の発言を分類して板書することで、道徳的価値の理解を深められるようにする。

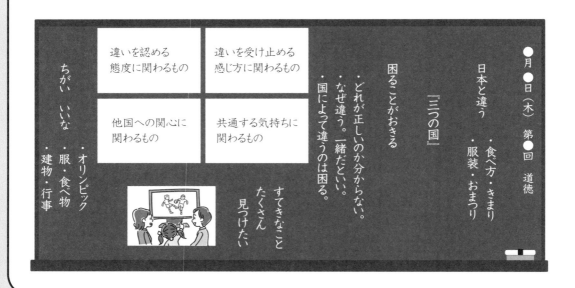

授業の実際

1 自分事として考えるための導入

T　他の国の人や暮らしの様子などを見て、自分たちとはずいぶん違うなと思ったことはありますか。
C　肌の色が違うと思いました。
C　日本が昼でも他の国は夜なのが不思議でした。
C　学校にお菓子を持って行って食べるとテレビで見ました。いいなと思いました。
C　手でご飯を食べているのをテレビで見ました。驚きました。
C　でも、他の国の人は、日本人がお刺身を食べると驚くってママから聞きました。
C　なぜですか？
C　他の国の人は、焼いて食べるのが普通なのだそうです。
C　へえ…。お刺身、おいしいのに…。
C　あと、すごいお買い物です。他の国の人が日本で山ほどお買い物をしていてびっくりしました。なぜ、山ほど買うのかなって。
C　お父さんのお友達の子どもが家に来て一緒に遊んだのですが、英語でぺらぺら話すので何を言っているのか全然分からなかったです。でも怒ったり、笑ったりするわけはなんとなく分かって、なんか面白かったです。
T　色々ありましたね。実際に遊んだ人、テレビで見た人、親から聞いた人。先生が思っていたよりたくさんあってびっくりしました。今日は世界に目を向けてみましょう。みなさんは世界のことをどのように思っているのでしょうかね。このお話を通して話し合っていきましょう。『三つの国』というお話です。

自己を見つめる学習のポイント

他国との関わりを自分事として考える指導を行う。

| 授業構想 | 導入 | 振り返り | 終末 |

| 他国と関わる体験が少ない実態があるため、導入で体験を引き出し共有することが大切であると考えた。 | 直接体験や間接体験を出し合い（その思いは自分も抱いたことがある）、ねらいとする道徳的価値への意識を高める。 | 自己の生き方についての考えを深めるために、自己を振り返る時間は長めに設定する。互いの振り返りを聞き合うことで、場面・対象は、身近にあることに気付かせ、態度を育てることにつなげていく。 | 日本との相違点、共通点のよさを児童が親しみをもつ外国語活動のALTに語ってもらった映像を見せる。これは、学校の実態により様々に工夫することができる。 |

2　話合いから、自分自身を振り返る

> どんな考えで「三つの国の素敵なことをたくさん見つけたい」と思ったのでしょう。

C　三つの国の違うところがおもしろいと考えたと思います。
C　知らないことがまだたくさんあるから、もっと知りたいと考えたと思います。
C　始めは違っていて困ることに気持ちがいっていたけれど、みんながサッカーで自分の国を応援したいなど、同じこともあって、そういうことを見つけるのが面白いと考えたと思います。
C　困ることを考えるのではなく、よいことを考えようと思った。
T　みなさん、よいこととは何でしょうね。
C　心だと思います。
T　どんな心が同じなのでしょうね。
C　うれしいとか悲しいとか。あと、自分の国を応援したいと思う心もです。

> みなさんも日本と他の国が違って、両方ともいいなと思うことはありますか。

C　おどりです。日本のおどりも、他の国のおどりも違うけど、両方とも素敵です。
C　和食と洋食、両方ともおいしいです。
T　色々ありそうですね。みなさんの考えをワークシートに書いてくださいね。

評価のポイント

本時の指導の意図は、自国や他国の文化の共通点や相違点に気付き、そのよさについて考え方や感じ方を深めることにある。違いに困っていた「わたし」がどのように考え方や感じ方を深めたかを話し合い、そこでの姿や自分自身を振り返る姿から、指導の意図に関わる学習状況を把握する。

主として集団や社会との関わりに関すること

三つの国

主題	内容項目	主として生命や自然、崇高なものとの関わりに関すること
命あるものを大切に	D 生命の尊さ	

第3学年
ヒキガエルとロバ

学図 教出
日文④ 廣あ④
※④：第4学年掲載

出典 文部科学省「わたしたちの道徳 小学校3・4年生」
文部省「小学校読み物資料とその利用『主として自然や崇高なものとのかかわりに関すること』」

1 ねらい

生命の尊さを知り、生命あるものを大切にしようとする態度を養う。

2 主題設定の理由（指導観）

●ねらいとする道徳的価値（価値観）

生命をかけがえのないものとして尊重し、大切にする態度を育てる。生命は様々な人に支えられていること、生命の連続性、唯一無二であること、生きることのすばらしさや生きている全ての生命の尊さについて考えを深められるように指導したい。

●児童の実態（児童観）

児童は死を理解できるようになっている。病気やけがから生命の有限性、1つしかないこと、生命は多くの人の支えによって守り育まれていることに気が付いている。自分と同様に生命あるもの全てを尊いものとして大切にするよさを考えさせたい。

3 教材について（教材観）

●教材の概要

学校帰りの子どもたちが、どろ道でヒキガエルを見つける。面白半分に石を投げ、ヒキガエルは必死の思いでわだちの水たまりに逃げ込むが、そのわだちに沿って重い荷車を引いたロバが苦しそうにやって来る。ヒキガエルに気が付いたロバは歩みを止めむちを打たれながらもヒキガエルが去るまで待とうとする。子どもたちは、ロバが力を振り絞りわだちから荷車をそらせ、かすかな息のヒキガエルを救い、歩き去る姿をいつまでも見つめていた。

●教材活用の視点

全ての生き物は精一杯生きていて、他の生命を軽んじることは許されない。生命あるもの全てをかけがえのないものとして尊重していくことの大切さを考えさせるために、主人公の行動を対比させ、児童を主人公へ自我関与させ、道徳的価値について考えられるようにしたい。

4 指導のポイント

生命を大切にするために大事なことを問うことで問題意識をもたせ、話合いで多様な考え方、感じ方に触れ問題解決的な学習を展開する。展開前段では役割演技を通して主人公に自我関与し、後段では自分を振り返りグループや学級で話し合い、考えを深める。

学習指導過程

	学習活動（主な発問と予想される反応）	指導上の留意点
導入	1　生命は大切だと感じたことを想起して発表する ○今までに生命は大切だと感じたことはあったか、生き物を大切にしたことはあるか。 ○本時の問題を確認する。	・自分や家族の生命だけではなく理科の栽培・飼育経験や動植物の生命について想起させる。 ・ヒキガエルの写真を見せる。
	生命を大切にするためには、どのようなことが大切だろうか。	
展開	2　『ヒキガエルとロバ』をもとに問題解決を図る ○アドルフたちはどんな気持ちから小石を投げたのか。 ・ちょっといじめてやろう。 ・小石を投げたらどうなるか試してみよう。 ・カエルくらい別にいいや。 ○ロバはヒキガエルを見つめたあと、どのような思いで横を通りすぎたのだろうか。 ・ヒキガエルがかわいそう。 ・自分も苦しいけど、ヒキガエルも必死になっている。 ・小さくても同じ生命なんだ。 ・生命は1つ。 ◎アドルフたちはヒキガエルとロバをながめながら、どんなことを考えたのだろうか。 ・間違っていた、悪かった。 ・ロバは優しい。 ・ヒキガエルの生命を守ろうとした。 ・ロバがヒキガエルにしたことと自分がしたことを比べたらなんてことをぼくはしてしまったんだろう。 ・ロバもヒキガエルも一生懸命生きている。 ・どんな生き物の生命も無駄にしてはいけない。 ・生き物の生命は同じで、どれも大切。 3　生き物の生命を大切にしたときの考えや思いを振り返る ○自分が今まで生き物の生命をどのように大切にしましたか。	・わだち、ロバ、荷車など言葉の説明をする。 ・自分の勝手な思いで他の生命を脅かすようなことをしてしまうときの考え方や感じ方を自分との関わりで考えさせ、人間理解を図る。 ・自分の利害に関わる状況で、自分が苦しいことより、ヒキガエルの生命を優先したときの考え方や感じ方を自分との関わりで考えさせる。 ・自分たちとロバの行動の違いに触れ、小さな生き物の生命でも大切にしたときの考え方や感じ方を自分事として考え、価値理解を深める。 ・役割演技通して自我関与し考えを深める。見ている児童へも役割演技を見る視点を与え、自分事として考えられるようにする。 ・ワークシートに記入後、グループで話し合い、その後全体で話し合う。
終末	4　「手のひらを太陽に」を歌う	・歌詞カードを掲示して歌詞の意味を意識させる。

主として生命や自然、崇高なものとの関わりに関すること

板書計画

主人公の行動の違いを対比し、自分の考えに生かせる板書

　本時の「生命の尊さ」に関する問題を明示して、教材をもとに自分との関わりで考え、自分の経験を重ね具体的にどうすることか考え深められるような板書をする。

授業の実際

1　問題設定の実際

T　みなさんは理科でひまわりを育ててきましたね。他にも何かを育てていたり飼っていたりしたことがありますか。
C　1年生のときにアサガオを育てました。花がさいてうれしかったです。
C　金魚を家で飼ってます。
T　世話をしているのですね。どんな気持ちで世話をするのですか。
C　長生きしてくれたらいいな。
C　世話をしないと死んでしまう。
C　命があるから忘れないで世話をしよう。
T　なるほどね。命を大切にしているんですね。それはなぜですか。
C　ずっと生きていてほしいから。
C　生きているから。
C　命があって1つしかないから。
T　それは世話を自分がしているからかな。じゃあ道で生きている花や虫はどうかな。生きているね。
C　大切。
T　どのように大切にしていますか。
　　今日は生命を大切にするためにはどのようなことが大切かみんなで考えます。
（問題カードの掲示）
　　写真を見てください。（ヒキガエルの写真を見せる）どんなことを感じますか。
C　ちょっと気持ち悪い。
C　捕まえたい。
T　今日は『ヒキガエルとロバ』という話をもとにしてこの問題を考えていきます。ヒキガエルがどろ道にいました。わだちができていて荷車をひいたロバが通りかかります。
（わだち、荷車、ロバの説明を簡単にする）
（教材提示）

問題解決的な学習のポイント

役割演技を取り入れ生命の尊さについて考える。

> 生命は大切なことは理解しているのに、軽んじてしまう傾向がある実態から問題を導き出し、生命の尊さについて改めて考える問題とする。

> 児童の経験を想起させることで、問題を自分事として捉え、役割演技を通して全ての生き物の生命の尊さを考えられるようにする。

> 「生命は1つで粗末にしてはいけない」「どんな生き物でも生命があり生きている」「小さくても同じ生命だから大事にする」など、自分事として考えたものを、ワークシートに記述し、グループで話し合う中で多面的・多角的な考えに触れ、考えを深めていくようにする。

2　問題解決から個々のまとめ

T　アドルフたちは、ヒキガエルとロバをどんなことを考えて見ていたのでしょうか。

C　ヒキガエルは一生懸命生きようとしていたんだ。ロバは助けようとしていた。

C　ひどいことをしちゃったな。ヒキガエルも命があるんだ。

C　石をぶつけて痛い目にあわせて、死んでしまうところだった。

C　死んだら命はなくなってしまう。ヒキガエルだってみんなと同じ命をもっている。

T　見ていた人は自分と似ていた意見がありましたか。感じたことを発表してください。

C　命を粗末にしてはいけない、どんな生命も大切。

C　小さい命も同じだし、大切にしないといけない。

T　様々な意見がでましたね。自分と似ている意見は出ていますか。どれと近いですか。
（児童の思いを挙手で確認）

T　今度はみなさんが命を大切にしたことやどのように大切にするか自分を振り返って考えグループで話し合ってみましょう。

······· 評価のポイント ·······
本時の指導の意図は、児童が主人公に自我関与し、どんな小さな生き物にも生命があり、その尊さについて考えることである。今まで児童が生命を大切にしたことや大切にしていくための考えを、話合いでの発言やワークシートの記述などから把握する。

ヒキガエルとロバ

主題	内容項目	主として生命や自然、崇高なものとの関わりに関すること
動植物の生命	D 自然愛護	

第3学年
カメの横断

その他

出典　文部省「小学校道徳の指導資料とその利用2」

1　ねらい

自然のすばらしさや不思議さを感じ取り、自然や動植物を大切にしようとする態度を養う。

2　主題設定の理由（指導観）

●ねらいとする道徳的価値（価値観）

私たち人間は、地球に住む生物の一員であり、環境との関わりなしには生きていけない存在である。自然のもつ美しさやすばらしさを感得させ、自分たちなりにできることを考えて実行していこうとする態度を養いたい。

●児童の実態（児童観）

児童は、理科の学習で植物を育てたり生き物を飼ったりした経験から、自分たちで大切にしていこうとする気持ちがある。今までよりも広い視点から動植物と自然環境との関わりを考えさせ、大切にするためにできることは何かを考えさせたい。

3　教材について（教材観）

●教材の概要

帰宅途中、車を走らせていたNさんは、道路を横断しているカメの一群を見つけ、後ろから来る車に非常用ライトを振りながら次々に止めた。車から降りてきた人たちはその微笑ましい光景ににっこりし、だれ言うとなく手を差し伸べてカメの道渡を手伝った。Nさんはその後「カメの横断に注意」の標識を立てることにした。その結果、道を渡るカメが一度も踏みつけられることはなかった。

●教材活用の視点

自然や動物を守るために、大切な考えや気持ちはどのようなものかを問題とし、学級全体で話し合わせる。動物の生命をみんなで守っていこうとする人たちに自我関与させ、その思いを考えられるようにしたい。

4　指導のポイント

自然を守るために大切なことは何かを問題とし、問題解決的な学習を展開する。導入段階で、児童が動植物の世話をしているときを想起させ、さらに「自然」という大きな世界へと目を向けさせる。児童の多くは、自然を守ることの重要性は分かっている。そのため、本時の問題意識としては「行動に移すときに大切な思いが何か」を『カメの横断』を通して追究させる。

学習指導過程

	学習活動（主な発問と予想される反応）	指導上の留意点
導入	1　身近な動物や植物の世話をしているときのことを想起させ、発表し合う ○今までに、動物や植物のお世話をしたことはあるか。 ・ホウセンカを育てたときがあって、毎日必ず水をあげていた。 ○本時の問題を確認する。	・本時の問題を意識できるようにするために、「これからも大切にしていくことは何があるだろう」と問いかけ、問題を確認する。
	自然や動物を守るために、大切なことは何だろう。	
展開	2　『カメの横断』をもとに、問題解決を図る ○黒いかげがカメだと分かったとき、Nさんはどんな気持ちだったか。 ・なんでこんなところにカメがいるんだろう。 ・がんばって歩いているんだな。 ・気付いてよかった。 ○Nさんは、非常用の赤いライトを一心に振り続けながらどんなことを考えたか。 ・すべてのカメが無事に渡れるだろうか。 ・最後のカメが渡り切るまで降り続けよう。 ・走ってくる次の車にも知らせてカメを渡らせたい。 ◎誰が言うわけでもなく、手を差し伸べてカメの道渡の手伝いが始まったのはどんな思いからか。 ・すべてのカメを無事に渡らせたい。 ・カメの生命を大切にしたい。 ・みんなで協力すれば無事に渡れるかもしれない。 ・できることをやろう。 ○　カメの道わたりの手伝いを終えて車で走り出した人たちは、どんな思いだったか。 ・カメの生命を助けることができてよかった。 ・無事に渡らせることができてほっとした。 ・これからも元気に生き続けてほしい。 3　自然や動物を守るための思いや考えを振り返る ○　自然や動物を守るために自分がしていることやしていきたいことはあるか。	・カメが横断せざるを得なくなった理由を確かめながら、広い道路に小さなカメという対比をさせ、そのときの状況を把握させる。 ・動物の生命を守るために行動していることを自分との関わりで考えられるようにする。 ・多くの人が動物の生命を大切にしていることを自分との関わりで考えられるようにする。 ・「生命の尊重」「協力」「希望」など助けるために大切な思いを多面的・多角的に考えさせる。 ・動物の生命を救うために、その場にいるみんなで力を合わせて行ったことのよさに気付かせる。 ・動植物を守るために大切にする気持ちを見つめ直し、今までの自分を振り返る。
終末	4　教師の説話を聞く	・教師自身が自然や動植物を大切にした経験談を話す。

主として生命や自然、崇高なものとの関わりに関すること

板書計画
道徳的価値を多面的・多画的に考える板書構成
児童が自分事として問題意識をもち、納得解をもつことができるようにする。

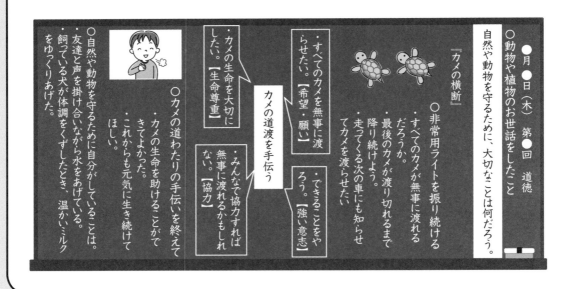

授業の実際

1　問題設定の実際

T　みなさんは今までに、動物や植物の世話をしたことはありますか。

C　あります。私は犬を飼っていて、夕方になると、よく散歩をします。

C　学校で、理科の時間にホウセンカとひまわりを植えて、休み時間にはみんなで水をあげていました。

T　そうですね。お家で飼っている動物を大切にしたり、学校でもみんなで植物を育てたりしたこともありますね。
　では、今度は自分たちの身近なところからもっと広いところで考えてみましょう。みなさんが知っている自然には、どのようなものがありますか。

C　海とか山、川があると思います。

C　海の中にいる魚も自然かな。

C　森にいる動物たちも、自然の1つかもしれない。

C　自然といったら動物だけではなくて、草や木も自然だと思う。

T　みんなが考えてくれたように、山や川、そこに住んでいる動物たち、植物は自然の中の1つですね。もしかしたら、その他にもたくさんあるかもしれません。
　みなさんは、その自然を大切にしていますか。今日は、その自然を守ることについて考えていきます。そして、みなさんでその自然を守るために大切なことは何かを話し合っていきます。

> 自然や動物を守るために、大切なことは何だろう

　それでは、『カメの横断』というお話をもとにして、考えていきましょう。（教材提示）

問題解決的な学習のポイント

児童の経験を想起させ、自分事として捉えられるようにする。

自然を守るために大切なこととして、「命を大切にしよう」という生命尊重、「必ず守ろう」という強い意志、「みんなでがんばっていこう」という協力など、多面的・多角的に考えを広げさせる。そして、これらをもとに一人一人が自分の今までとこれからについて考えられるようにする。

児童に問題意識を高めさせるため、身近なところから自然について問いかける。また、自分たちのこれからの生き方につなげていけるように、自然を守るために大切なことは何かを問いかけて問題にする。

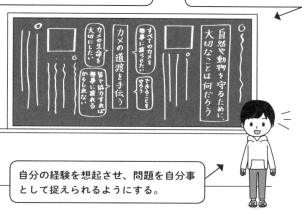

自分の経験を想起させ、問題を自分事として捉えられるようにする。

2 問題解決から個々のまとめ

T 誰が言うわけでもなく、手を差し伸べてカメの道渡の手伝いが始まったのはどんな思いからでしょう。

C すべてのカメを無事に渡らせたい。1匹でも車にひかれるようなことがあってはいけないと思ったと思います。

C カメの生命を大切に守りたいという思いが強いと思います。目の前でカメの渡る様子をみたら、どうしても守りたいという思いになったと思います。

T 自分たちは、時間がどんどん過ぎてしまうのですよ。それでも守りたいのですか。

C ゆっくりなのはカメだから仕方ないことだし、自分たちの時間よりもカメの生命の方が大切だと思った。だから、道路を渡るのを見守ったり助けたりしたと思います。

C 自分1人ではできないからみんなで力を合わせたと思います。

C 自分ができることをやりたいという思いではないかと思います。

T たくさんの考えがありますね。
(板書を使って整理)
「命を大切にする思い」「渡らせたい強い思い」「みんなとの協力」などがありますね。自然を守るために大切なことを、いろいろな視点から考えることができました。

.... **評価のポイント** ....

本時の学習の意図は、自然を守るために大切なことについて自分との関わりで考えさせることである。大切なことを自分事として考えているか発言から把握する。また、守るためにしていることを振り返らせ、書く活動から様子を把握する。

主として生命や自然、崇高なものとの関わりに関すること

カメの横断

主題	内容項目	主として生命や自然、崇高なものとの関わりに関すること
美しい心	D 感動、畏敬の念	

第3学年 花さき山

東書④	学 図
教 出	光村④
日文④	光 文
学研④	廣あ④

※④：第4学年掲載

出典　斎藤隆介『花さき山』岩崎書店

1 ねらい

美しい心や気高いものに感動する心を大切にしようとする心情を養う。

2 主題設定の理由（指導観）

●ねらいとする道徳的価値（価値観）

美しい心や気高いものに触れることを通して、素晴らしいものに感動したり、あこがれを抱いたりする心の豊かさを養っていく。しかし、こうした機会に恵まれない場合もある。そこで、美しい心や気高いものに触れ、素直に感動する心を養いたい。

●児童の実態（児童観）

国語では、叙述に即して美しい表現や主人公の美しい心を味わえるように指導してきた。一方で友達の目を気にして素直に感動することを恥ずかしがる場面も見られる。他人に左右されず、素直に感動する心の大切さを考えさせたい。

3 教材について（教材観）

●教材の概要

祭りの料理に使う山菜を採りに山へ入り、道に迷う「あや」は、「山ンば」と呼ばれる老婆に会う。そこには辺り一面きれいな花が咲いており、老婆は、その花の意味をあやに語る。あやは、ここの山の花は、ふもとの村の人間が優しいことをすると咲くことを知る。山から帰って、そのことを両親に話すが、信じてもらえず、もう一度山へ行ってみるが、山ンばも花咲き山も見つからない。その後、あやは「花咲き山で、おらの花が咲いてるな。」と思うことがある。

●教材活用の視点

教材提示では、BGMやブラックライト、紙芝居などの工夫により、感動を引き立たせ、臨場感のあるものにする。板書では、自分のこと、母親や妹のことを思う気持ちで、揺れ動く思いを整理して書くことで、美しい心について自分との関わりで考えられるようにする。

4 指導のポイント

児童一人一人のもつ美しい心についての考え方、感じ方を問題として、問題解決的な学習を展開する。そのために、導入でアンケート結果を提示し、自分事として考える心構えをつくる。主人公「あや」の母や妹を思う気持ちと自分の気持ちも優先させたい気持ちを多面的に考えさせることを通して、自分にとっての美しい心を追究していく。

学習指導過程

	学習活動（主な発問と予想される反応）	指導上の留意点
導入	1　美しい心についてのアンケート結果を提示する ・優しい心　・おもいやりの心 ・きれいなものを見て、美しいと思える心	・自分事として考える心構えをつくるために、アンケート結果を提示する。
	自分にとって、美しい心とはどんな心だろう	
展開	2　『花咲き山』をもとに、問題解決を図る ＊「あや」の思いを想像してみよう。 ○山ンばに「あやおまえの足下…咲かせたはなだ。」と聞かされたとき、あやはどんな気持ちだったか。 ・本当に私が咲かせたのだろうか。不思議だなあ。 ・こんなにきれいな花が、私が咲かせた花だなんて、うれしい。 ○「おらサもみんなのように祭りの赤いべべ買ってけれ。」と、泣いている妹のそよを見ているあやの心の中はどんなだったか。 ・お姉さんなんだから、我慢しておっかあを助けたい。 ・私も欲しいけれど、おっかあを困らせたくない。 ・そよを喜ばせるために、我慢しよう。 ◎「あっ　今花咲き山で、おらの花がさいているな。」と思うときのあやは、どんな気持ちだろうか。 ・きれいな花が咲いてうれしい。 ・自分のことばかり考えずに、他人のことを思う気持ちになれてうれしい。 ・誰かが私のしていることを見ていてくれる。 3　美しい心についての思いを話し合う ○自分にとって美しい心とは、どんな心だと思うか。そんな心をもったときや出合ったことはあるか。 ・自分よりも他人を思いやる心だと思う。 ・給食が足りないとき、自分の量を減らして譲ってくれた。	・教材の感動性を引き立たせるために、BGMやブラックライトを用いて、赤い花が咲く操作をするなど、児童を教材の世界に引き込む。 ・花が咲く場面を再現し、神秘的な美しいものと出合ったときの思いをあやに自我関与して考えるようにする。 ・自分のことを優先させたい思いと妹や母のことを第一に考えなければならない思いとで、揺れ動き、迷う思いを自分事として考えさせる。 ・母を思う気持ちと、妹を思う気持ちを多面的に考えさせるために、整理して板書する。 ・あやが、自分から進んで気高い行いをしようとする思い、自分がしたことで、他人が喜んでくれるうれしさを感じられる美しい心の背景にあるものを自分との関わりで考えさせる。
終末	4　教師の説話を聞く ・一人一人の児童の美しい心の表れた言動を書いた花を児童に渡して、花咲き山になるように掲示する。	・教師自身が美しい心に出合った経験談を話し、クラスの花咲き山掲示コーナーを紹介する。

主として生命や自然、崇高なものとの関わりに関すること

D

板書計画

道徳的価値について多面的に考える板書構成

　アンケート結果を活用し、本時「感動、畏敬の念」に関わる問題を児童一人一人が自分との関わりで、多面的に考える学習を促すような板書を構想する。

授業の実際

1　中心発問で多面的に考える

T　結局は、「おらはいらねえから、そよサ買ってやれ。」と言ったのだけれど、「おらサもみんなのように祭りの赤いべべ買ってけれ。」と泣いている妹のそよを見ているあやの心の中は、どうだったと思いますか。

C　そんなこと言って、おっかあを困らせないでおくれよ。

C　おっかあを困らせるそよは、わがままだ。

T　お母さんのことを考えている、あやの心を考えたんだね。

C　ここであやも祭り着を買って欲しいって言ったら、よけいにお母さんを困らせると、思ったと思います。

T　なるほど。お母さんを困らせたくない心が強いんですね。

C　私も妹がいるんだけれど、わがまま言ってるのを見て、ずるいって思ったことがあるから、「私も欲しいのに、先に頼んで、ずるい。」って思ってると思います。

T　妹に対する思いもあるってことですね。

C　妹に対する文句もあると思うけれど、お姉さんとして、自分のは後回しにして、妹に譲る気持ちもあると思います。

C　我慢して妹を喜ばせたいんだと思います。

C　我慢っていうより、妹やお母さんの喜ぶ顔を見る方がうれしいんだと思います。

T　本当は欲しいんだけれど、我慢するあやの心もあるけれど、我慢することで、お母さんは助かるし、妹は喜ぶ。それがあやは、うれしいことでもあるんだね。

問題解決的な学習のポイント

登場人物への自我関与から、道徳的価値への理解を深める

- 母を思う気持ち、妹を思う気持ち、けれども、自分の事も優先させたい気持ちを多面的に考えられるように問いかける。

- 「おらはいらねえからそよサ買ってやれ。」と言ったけれど、「おらサもみんなのように祭りの赤いべべ買ってけれ。」と泣いている妹のそよを見ているあやの心の中は、どうだったと思いますか。

- 妹はわがままを言っているけれど私までわがままを言ったら、お母さんをもっと困らせてしまう。

- 児童の発言を価値付けていく。

- 今の考えは、妹の様子を見てお母さんのことを考えているあやの気持ちを考えていますね。

2　問題に対する個々の考え

T　花咲き山で花が咲いていると思うときのあやは、こういう気持ちなのかもしれませんね。みなさんにとって、美しい心って、どういう心だと思いますか。そんな心をもったり、そんな心と出合ったりしたことは、ありますか。

C　この前、給食当番の人が、スープが足りなくなって、「5人分足りないので、寄付してください。」って頼んでいたときみんなに人気のあるスープなのに、寄付している人がたくさんいて、たくさんの花が咲いたと思います。

T　美しい心って、みんなのために何かをする心っていうことなかもしれませんね。

C　私はこの前、田舎に行く電車の中から、外を見ていたときに、弟が「お姉ちゃんすごいよ。見てよ。」って言うから、見てみると、真っ暗い中に光がついているように見えて、自分たちの電車の中の様子と外の景色が混ざって見えて、何かきれいというか、不思議な気持ちになりました。そんなことに気付ける弟って、すごく、きれいな心をもっているんだなと、思いました。

T　不思議な気持ちになれるっていうのもあるんだね。

評価のポイント

本時の指導の意図は、児童が主人公に自我関与して、自分にとっての美しい心を考えることである。主人公の思いを展開で、多面的に考える際の発言や、振り返りでのワークシートへの記入などから、学習状況を把握する。

花さき山

理論編　**実践編**

第4学年
考え、議論する道徳科授業の新展開

主題	内容項目 主として自分自身に関すること
よく考えた行動	A 善悪の判断、自律、自由と責任

第4学年

ふりだした雨

学図

出典　文部省「小学校道徳の指導資料第2集第4、5年」

1　ねらい

よく考えて、責任ある行動をとろうとする正しい判断力を育てる。

2　主題設定の理由（指導観）

●ねらいとする道徳的価値（価値観）

自立した人間として生きるためには、人に左右されることなく、よいこと、正しいことを自律的に判断し、主体的に行動する必要がある。正しいことを実行する難しさや、実行した後の充実感を考えながら、よく考えて、責任ある行動をとろうとする正しい判断力を育てたい。

●児童の実態（児童観）

児童はこの時期、善悪を判断する力が高まってくる。一方で、正しいと分かりつつも実行できなかったり、周囲に流されたりする弱さもある。善悪を判断する際の根拠を話し合うことで、自ら正しいと信じるところに従って主体的に行動するための判断力を育てたい。

3　教材について（教材観）

●教材の概要

今にも雨が降り出しそうな空を見て、急いで掃除当番の仕事を終わらせて下校する中、主人公のせいちゃんが、にわとり小屋の掃除をやり忘れていたことを思い出す。学校に戻ろうとするが、2人の友達は今にも雨が降り出しそうだからと帰宅しようとする。2人の友達の言うことに迷いながらも、雨が降りだそうとする中、1人学校に戻ってにわとりの世話をする。

●教材活用の視点

主人公の迷いを自分事として考えることで、多様な考えを引き出し、人間理解を深める。そして、当番の仕事をすると判断した根拠を多面的に考えさせ、自分の行動に責任をもつ大切さを感得させる。その上で、正しいと判断したことを行うよさについて話し合うことで、よく考えて、責任ある行動をとろうとする判断力を育てる。

4　指導のポイント

よく考えて、責任ある行動をとろうとする正しい判断力を育てるために、善悪の判断をする際の多様な考え方を問題として、問題解決的な学習を展開する。導入段階で正しいと判断したことを行った経験を想起させ、問題意識をもたせる。その上で「ふりだした雨」を通して、正しいと判断したことを、自信をもって行うために大切にすべきことは何かを追求させる。

学習指導過程

	学習活動（主な発問と予想される反応）	指導上の留意点
導入	1　**正しいと判断したことを、自信をもって行動した経験を想起し、発表し合う** ○正しいと判断したことを、自信をもって行動したことがあるか。 ・まだ遊びたかったが、時間を見て帰宅できた。 ・廊下でおにごっこをしている友達に注意できた。 ○本時の問題を確認する。	・ねらいとする道徳的価値についての問題意識をもたせるために、正しいと判断したことを、自信をもって行動した経験を想起させる。
	自分で正しいと判断し、責任ある行動をとるためにはどんなことが大切か。	
展開	2　**『ふりだした雨』をもとに、問題解決を図る** ＊せいちゃんの考えや思いを想像してみよう。 ○にわとり小屋の掃除を思い出し、友達の顔をじっと見つめるせいちゃんはどんなことを考えたか。 ・2人の友達も帰るから一緒に帰ろうかな。 ・用務員さんが世話してくれるから大丈夫だろう。 ・雨にぬれたらいやだから家に帰ろう。 ・仕事をしないと、にわとりがおなかをすかせてしまう。 ・当番の仕事をしないで帰るのは無責任だ。 ◎雨が降りだしそうな中、せいちゃんがたった1人で学校へかけだしたのはどんな考えからか。 ・自分が仕事をしないと、にわとりがかわいそう。 ・自分のことだけ考えるのはいけない。 ・自分の仕事だから、責任をもってやらなければ。 ○掃除を終えてさっぱりとした飼育小屋を見回しながら、せいちゃんはどんなことを考えたか。 ・自分の仕事を果たせてよかった。 ・正しいことを自分からできてよかった。 3　**正しい行動をするために、大切にしたいことを考える** ○正しいと判断したことを自信をもって行うために、大切にしていることはどんなことか。	・善悪の判断を行う際の根拠を自分事として考えられるようにする。 ・雨にぬれないために早く帰るべきか、当番の仕事をすべきかで迷う主人公の考えを自分事として考えさせる。 ・どうしてそう考えるのか、その根拠も問い、多面的に考えられるよう児童の発言を分類整理して板書していく。 ・主人公の善悪の判断の根拠を、自分との関わりで考えさせる。 ・「よく考えて行動する」「自分のことだけを考えない」「行動に責任をもつ」など、判断の根拠をキーワードで示して板書し、自己への振り返りにつなげる。 ・自ら信じることに従って正しいことを行ったときの充実した気持ちを、自分との関わりで考えられるようにする。 ・ワークシートに考えを書く時間を確保し、自分の生活を振り返った上で、自己の生き方についての考えを深められるようにする。
終末	4　教師の説話を聞く	・教師自身が正しいと判断したことを自信をもって行い、充実感があった経験談を話す。

主として自分自身に関すること

ふりだした雨

板書計画

善悪の判断の根拠を明確に示す板書構成

本時の「善悪の判断、自律、自由と責任」に関わる問題を明示して、問題意識をもち、責任ある行動をとるための、自律的な判断力を育てるための板書を構想する。

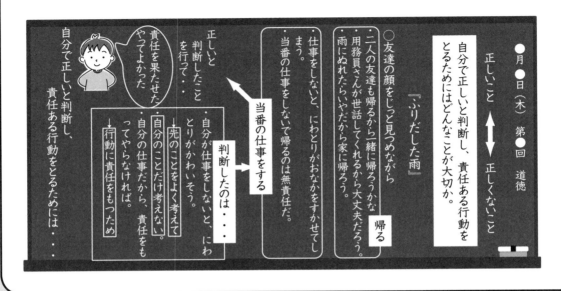

授業の実際

1 問題設定の実際

T　みなさんは生活のいろいろな場面で、正しいこと、間違っていることを判断して生活しています。今までに正しいと判断したことを、自信をもって行動したことがありますか。

C　公園で友達と遊んでいたとき、遊び続けたかったけれど、帰宅時刻が来たので家に帰りました。

C　学校の廊下でおにごっこをしている友達に、危ないから遊んじゃだめだよと注意しました。

C　教室で静かに勉強しているとき、少しくらいいいかと思って隣の友達とおしゃべりしようとしたけど、我慢ができました。

T　なるほどね。自分で正しいと判断し、責任ある行動をとるって大切なことですね。
　そこで、今日はこのことをみんなで考えていきましょう。

（問題のカードを提示）

> 自分で正しいと判断し、責任ある行動をとるためにはどんなことが大切か。

　それでは、今日は『ふりだした雨』という話をもとにして、この問題を考えていきましょう。主人公のせいちゃんが、正しいと判断したことを、行動に移すときにどんなことを考えたのかを想像していきましょう。
（教材提示）

問題解決的な学習のポイント

問題意識をもち、自分事として課題解決を図る。

ポイント①
善悪の判断を自分で行い、責任ある行動をとる大切さに気付かせることで、問題意識をもたせ、学習問題を設定する。

ポイント②
主人公の迷いを自分事として考えることで、多様な考えを引き出し、人間理解を深められるようにする。

ポイント③
主人公の善悪の判断の根拠を、自分との関わりで考えさせ、「よく考えて行動する」「自分のことだけを考えない」「責任をもつ」など、判断の根拠をキーワードで示して板書する。それをもとに、一人一人が正しいことを、自信をもって行うために大切にしたいことを考えられるようにする。

2 問題解決から個々のまとめ

T せいちゃんが学校へかけだして、にわとり小屋の掃除当番の仕事をしようと判断したのは、「先のことをよく考えたから」「自分のことだけ考えるのはよくないから」「自分の行動には責任をもたなくてはならないから」という意見が出ました。

T 自分で正しいと判断し、責任ある行動をとることは、なかなか難しいです。しかし、正しいことを行うと、やってよかったという思いにつながるのですね。みんなは、自分で正しいと判断し、責任ある行動をとるために、これからどんなことを大切にしていきますか。
（ワークシートに記入させ、発言させる）

C 今までは正しいと分かっていても、なかなか行動に移せなかったので、これからは自分のことだけ考えずに、周りのことをよく考えて行動しようと考えていました。

C 先のことを見通すのは難しいけれど、正しいことを自分で判断し、自信をもって行動したいと思っていました。

C 普段はあまりよく考えないで行動してしまうので、何が正しいかをよく考え、自分の行動に責任をもちたいです。

----- 評価のポイント -----

本時の指導の意図は、正しいことを、自信をもって行うためにどうすればよいか、児童自ら問題解決を図ることである。
児童が課題解決をしていく中で、課題について自分事として考えている学習状況を発言やワークシートなどから把握する。

ふりだした雨

主　題	内容項目	主として自分自身に関すること
自分の心に向き合う	A 正直、誠実	

第4学年
なしの実

学図　光村

出典 文部省「小学校読み物資料とその利用『主として自分自身のこと』」

1　ねらい

うそをついたりごまかしたりすることは、自分自身への偽りにつながるということに気付き、過ちを素直に認め、正直に明るい心で生活しようとする態度を養う。

2　主題設定の理由（指導観）

●ねらいとする道徳的価値（価値観）

正直で、誠実な態度で生きることは、明るい心で伸び伸びと生活していくために必要である。しかし、心の弱さからときに過ちをおかしてしまうのも人間である。過ちを素直に認めることが、よりよい自己を形成していくことに気付かせたい。

●児童の実態（児童観）

この時期の児童は、正直に行動しなくてはいけないことを理解してはいるが、その一方で、自分にとって不都合であると、うそをついたりごまかしたりすることがある。過ちをそのままにせず、正直に行動することのよさを考えさせたい。

3　教材について（教材観）

●教材の概要

アンリ・ファーブルは、昆虫の行動研究の先駆者であり、『昆虫記』の作者として日本でも知られる。本教材は、少年時代のエピソードがもとになっている。
貧しい農家に生まれたアンリは、空腹に耐えかねた弟にせがまれ、迷いながらも隣の家のなしの実を取ってしまう。喜ぶ弟を見ながらもアンリはすっきりしない。その後、ごみ捨て場から食べかすが見つかり、父親から問い詰められ、自分がしたことを正直に話し始める。

●教材活用の視点

アンリに自我関与させながら、やってはいけないと分かっていながらしてしまったとき、後ろめたい気持ちになること、その気持ちを乗り越えるには、正直な行動が大切であることを自分との関わりで考えさせたい。

4　指導のポイント

主人公に自我関与しながら考えさせるため、各発問で心情円盤を活用し、全員に正直にしようとするときのの気持ちを表現させる（例…ピンクでは喜びや安心等のプラス感情を表し、青では悲しみや不安等のマイナス感情を表す）。中心発問では、心情円盤を活用した後、思い切って正直にすることの理由を考えさせる。

学習指導過程

	学習活動（主な発問と予想される反応）	指導上の留意点
導入	1　アンリ・ファーブルについて知る ○アンリ・ファーブルを知っているか。 ・昆虫の学者。 ・「ファーブル昆虫記」の作者。	・教材への関心を高めるために、ファーブルについて紹介し、本教材がファーブルの幼少期のエピソードであることを知らせる。
展開	2　『なしの実』をもとに、話し合う ＊アンリの考えや思いを想像してみよう。 ○弟にせがまれ、なしの実を取ったあと、アンリはどのような気持ちになったのだろう。 ・フレデリックが喜んでくれてよかった。 ・弟のためとはいえ、いけないことをしてしまった。 ・もしばれてしまったらどうしよう。 ◎アンリは、どんな思いで父に本当のことを話したのだろう。 ・ばれてしまったのだから仕方ない。（あきらめ） ・こんなにぼくのことを思ってくれていたんだ。（気付き） ・お父さんを裏切ってはいけない。（反省） ・きちんと話して、謝った方がいい。（決意） ○こらえきれずに父の胸に飛び込んだアンリは、どのような気持ちだったのだろう。 ・ごめんなさい。もう２度としません。 ・お父さんに本当のことを言えてよかった。 ・もうこんな思いはしたくない。 3　失敗を認め、正直に話したときの考えや思いを振り返る ○失敗してしまったことを認め、正直に話せたことはあるか。 ・友達に借りたままの鉛筆を返したと思いこんでいて、「返した。」と言ってしまった。正直に謝ったら許してくれた。もう同じ失敗はしないようにする。 ・友達とけんかしたときに言い過ぎたことを認め、きちんと謝った。謝れてよかった。	・弟のためとはいえ、いけないことをしてしまい、すっきりしないアンリの気持ちをアンリに自我関与して心情円盤に表現させる。 ・心情円盤でアンリの気持ちを表現させてから、児童に発言させる。アンリが本当のことを打ち明けることにした理由を自分との関わりで考えられるようにする。 ・自分の利益と正直な態度の間で思い悩んでいたが、正直に話したことで、反省し安堵している思いを自分事として考えさせる。発問の最後に心情円盤で表現させる。 ・前の発問で表した心情円盤を活用し、アンリと同じように正直に話せた経験を想起させる。 ・失敗は誰にでもあることをおさえ、失敗を隠すのではなく、素直に認めて正直に行動することの大切さを実感できるようにする。
終末	4　教師の説話を聞く	・教師自身が、過ちを素直に認め、正直に行動できた経験を話す。

なしの実

板書計画

道徳的価値の実現の必然性を実感できる板書構成

　教材をもとに、主人公の気持ちを自分との関わりで考える学習を促し、正直に生活することのよさを実感させるような板書を構想する。

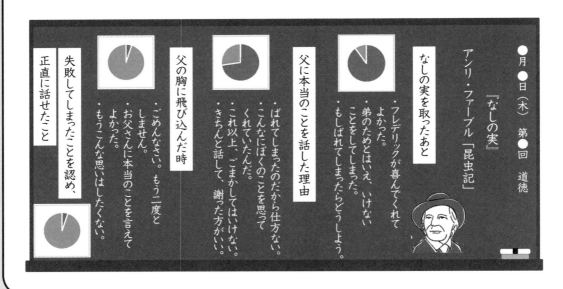

授業の実際

1　問題設定の実際

T　（1つ目の発問の板書を指しながら）みなさんの考えを見てみると、アンリは弟に喜んでもらえてよかったという気持ちはあるものの、後悔やばれてしまったら…という不安な気持ちもあるようですね。心情円盤で、うれしいなどプラスの気持ちをピンク、すっきりしないなどマイナスの気持ちを青で表してみるとどうなりますか。

C　（心情円盤で自分の考えを表す。）

T　人によって違いはあるものの、青の方が占めていると思う人が多いようですね。（黒板に掲示）

T　不安な気持ちでいっぱいだったアンリは、お父さんの話を聞いて、本当のことを話しますが、そのときの気持ちを心情円盤に表してみましょう。

C　（心情円盤で自分の考えを表す。）

T　先ほどと変わったという人はどれくらいいますか？ピンクの方が大きくなった人は？青の方が大きくなった人は？（それぞれ挙手させる。）ピンクの方が大きくなった人が多いようですね。では、なぜアンリはお父さんに本当のことを打ち明けたのでしょう。

C　事実を言うしかないと思ったから。

C　お父さんは、こんなに自分のことを考えてくれていたんだと思ったから。

C　お父さんを裏切ってはいけないと思ったから。

C　きちんと謝った方がいいと思ったから。

T　アンリの中で、あきらめや、お父さんの愛情への気付き、反省、決意など、いろいろな理由が少しずつからみ合って本当のことを話そうと決意したのでしょう。

問題解決的な学習のポイント

登場人物に自我関与させるため、心情を円グラフで表す。

一人一人の児童が心情円盤で自分の考えを表現し、友達と考えを交流する機会にもする。

心情円盤を活用することで、主人公の気持ちの変化を児童が自分なりに捉え、児童が自分事として捉えられるようにする。

心情円盤を各発問の板書に活用する際には、学級全体としての考えを１つにまとめて明確な割合を提示するのではなく、「青の気持ちの方が大きい人が多い。」などのように、全体的な傾向を示すことにとどめる。

2　問題解決から個々のまとめ

（3つ目の発問後、全員に心情円盤でアンリの気持ちを表現させ、心の重荷がなくなりすっきりした状態を確認したあと、黒板に掲示し、自己を振り返る発問に移る。）

T　お父さんに本当のことを話すことができて、アンリの気持ちはピンク色の方が大きくなりました。みなさんも、アンリのように青方からピンク方に大きく変わったことはありますか。そのときのことを思い出してみましょう。

C　友達に借りた鉛筆を返したと思い込んでいて、友達に「返して。」と言われて「すぐに返したよ。」と言った。筆箱をよく見たら見つかって、黙って机の中に返しておこうかとも思ったが、きちんと謝って返したらすっきりした。

C　友達とけんかしたときに、きつく言い過ぎてしまったことがある。相手がとても悲しそうな顔をしたので、すぐに謝ろうと思ったけど、休み時間が終わってしまい、何となく話せないでいた。帰りに「言い過ぎてごめんね。」と謝ったら許してくれてよかった。

T　失敗は誰にでもあるけれど、正直に認めて謝ると心が軽くなるのですね。

────── 評価のポイント ──────

心情円盤を活用することで、一人一人の児童が自分の考えを表すことができ、指導者も児童の考えを把握しやすい。すっきりしない状態から気持ちが晴れていく主人公の気持ちの変化を、自己とのかかわりの中でとらえられているかどうか、発言や心情円盤から把握する。

なしの実

主題	内容項目	主として自分自身に関すること

できることは自分で　　　A 節度、節制

第4学年
目覚まし時計

※③：第3学年掲載

出典　文部省「小学校読み物資料とその利用『主として自分自身のこと』」

1 ねらい

自分でできることは自分でやり、節度のある生活をしようとする態度を育てる。

2 主題設定の理由（指導観）

●ねらいとする道徳的価値（価値観）

基本的な生活習慣は、毎日の充実した生活を送るのに欠くことができないものである。自分の生活を見直し、節制して程よい生活をしていくことで、快適な生活につながっていることを自覚させたい。

●児童の実態（児童観）

節度、節制は、日々の指導の効果もあり、自分も友達も気持ちよく過ごせるためのものであると、児童も実感している。自分自身で考えた節度ある行動が、快適な生活につながることに気付いてほしい。

3 教材について（教材観）

●教材の概要

主人公のリカは、母親に目覚まし時計を買ってもらい起床時刻を決めた。初めのうちは、自分のことは自分で、と頑張って時間通りに行動していたが、しばらくすると、遊びやテレビの誘惑に負け、決まりを守れなくなってしまう。ある朝、目覚ましが鳴っても起きられず、遅刻しそうになる。全校朝会の最中も朝の出来事が気になり、体調を崩し、保健室で休むことになる。ベッドで自分の行動を振り返り、後悔の念が湧き上がり、自分の決めた決まりを守れなかったことに悲しみを感じる。

●教材活用の視点

本時では、夜遅くまでテレビを見ているときに、「少しぐらいいいじゃない」と思いながらも、「わたしの決まり」に書かれていることから起こる葛藤や、節度をもって節制に心がけることの難しさに目を向けられるようにしたい。そうすることで、中心発問では、リカに自我関与させて、節度をもって節制を心がけた生活を送ることの大切さに気付き、自分や他の人の快適な生活を守ることになることの素晴らしさ自覚させたい。

4 指導のポイント

場面の挿絵等を用いながら読み、リカに自我関与させて保健室にいるときの思いを考えさせる。誘惑に負けることで、生活の中の決まりを守れなかった経験を振り返ることで、現状を内省し、自分自身を客観的に見つめられるような展開にしていく。

学習指導過程

	学習活動（主な発問と予想される反応）	指導上の留意点
導入	1　自分の生活の中での「生活のきまり」について話し合う ○毎日の生活を気持ちよくするために、気を付けていることはありますか。 ・朝、7時までに起きる。夜、10時には寝る。 ・長い時間ゲームをしない。 ・無駄遣いをしない。 ・使ったものは片付けるようにする。	・基本的な生活習慣について想起するために、健康と安全、物や金銭、身の回りの整頓などの視点を提示する。 ・「生活調べ」などの資料も活用して視点をはっきりさせる。
展開	2　『目覚まし時計』を読んで話し合う ○「少しぐらいいいじゃない」と言って決まりを守らなかったとき、どんなことを考えましたか。 ・テレビをもっと見ていたい。 ・すぐにまた守れるようになる。 ・1日ぐらいいいかな。 ・いつも頑張ってるから大丈夫。 ◎保健室のベッドの中で、どんなことを思いながら寝ていましたか。 ・やっぱり1人で起きられるほうがいいな。 ・夜遅くまで起きていなければよかった。 ・生活の決まりを守ることはむずかしいな。 ・規則正しい生活をしていれば、よかったな。 ・お母さんに悪いことしたな。 ・守れなかったのは嫌だな。 ・明日からは、自分でちゃんと起きよう。 3　節度を守り、節制した生活について振り返る ○自分の生活を振り返って、規則正しい生活ができていたか考えましょう。 ・物やお金を大切に使おうと思う。 ・早寝早起きはやっぱり大切じゃないかな。 ・時間の使い方に気を付けることは難しい。 ・規則正しい生活は体にもよいと思う。	・葛藤を考えるために、初めは決まりを守り頑張っていたことも、対比して考えられるようにする。 ・自分に言い訳するリカに自我関与させて考えられるようにする。 ・「わたしの決まり」を守れなかったことへの後悔の念を、ベッドで悲しくなる気持ちを自分事としてとらえさせる。 ・規則正しい生活は、早寝早起きだけではなく、物、金銭、時間、整理整頓などにも目を向けられるようにする。
終末	4　教師の説話を聞く	・節度を守ってよかったことや、節制をしてよかった経験などを話す。

目覚まし時計

板書計画

葛藤する気持ちを対比させ、多面的・多画的に考えさせる板書

「少しぐらいいいじゃない」という言葉の背景にある葛藤する2つの気持ちを対比させ、道徳的価値への考えを深めていく構成にする。

授業の実際

1 中心的な発問の実際

T 「少しぐらいいいじゃない」と言って決まりを守らなかったとき、どんなことを考えましたか。
（リカの言葉を黒板の中央に掲示する）
C いいところだから、テレビをもっとみていたい。
C すぐにまた守れるようになるわ。
T 始めはがまんして寝てたのですよね。
C 1日ぐらいなら大丈夫だと思った。
C いつもは頑張っているから、今日だけは大丈夫だと思う。
T なるほど、ずっと頑張ってなくても、ときどきは決まりがなかったことにしてもいいのですね。
C 決まりは守らないといけないのは分かってるので、「本当は守らないと」と思っていたと思います。
C 分かってるけどできないな、という気持ちもあります。
C 自分でテレビを見過ぎていることも気付いていると思います。
T ということは、決まりを守ろうと思う気持ちと、守らなくてもいいという気持ちのどちらもあるということですね。
（葛藤する2つの気持ちを対比させるように色で区別して板書していく）
C 守らなくてはいけないという気持ちが強いです。
C テレビも楽しいから見たいという気持ちがあります
C 迷っている気持ちがあると思います。
T テレビを見ているときに、自分で決めた決まりのことで、主人公のリカはいろいろなことを考えていたのですね。

問題解決的な学習のポイント

登場人物に自我関与させて児童一人一人が自分事として考えるようにする。

規則正しい生活がよいことだと分かっていても、遊んだりテレビを見たりしたいという心の葛藤をもとにして、自分を登場人物に自我関与させて考えるようにする。

保健室のベッドで、節度、節制に気を付けた生活ができなかった後悔の念を自分事として考えるときに、思いや考えを整理するために、ワークシートを活用する。

2　自我関与の深まりから個々のまとめ

T　保健室のベッドの中で、どんなことを思いながら寝ていましたか。
C　夜遅くまで起きていなければよかった。
C　やっぱり、1人で起きられるほうがいいと思いました。
C　決まりを守っていれば、しんどくならなかったな。
T　夜遅くまで起きていなければよかったと後悔する気持ちだったのですね。
（「決まりを守る」という言葉が、「規則の尊重」の道徳的価値に流されないようにする）

C　決まりを守ることはむずかしいな。
T　ずいぶん迷っていましたからね。
C　お母さんに悪いことしたな。
T　八つ当たりしてしまった自分が嫌になったのですね。
C　守れなかったのは嫌だな。

C　明日からは、自分でちゃんと起きよう。
C　規則正しい生活はできるほうがいいな。
C　本当に規則正しい生活ができるか心配です。
C　でも、やってみようと思います。

……… 評価のポイント ………
　気持ちのよい生活を送るための決まりは、ときとして自分を葛藤させる場面を作ってしまい、よりよい生活ができにくくなってしまうことがある。
　児童がよりよい生活を送るために、どのようなことが必要なのか、考えたことを話している様子や内容を把握する。

目覚まし時計

主　題	内容項目	主として自分自身に関すること
長所を伸ばして	A 個性の伸長	

第4学年　うれしく思えた日から

その他

出典　文部科学省「小学校道徳読み物資料集」
　　　　文部科学省「わたしたちの道徳　小学校3・4年」

1　ねらい

自分のよさに気が付き、さらに長所を伸ばそうとする心情を育てる。

2　主題設定の理由（指導観）

●ねらいとする道徳的価値（価値観）

内面的な長所は、得意なことや好きなことをより伸ばしたり、伸ばそうとしたりするための土台となるものである。自分の長所は、できたことやよい結果だけではなく、それを支える内面的なよさでもあることを意識させ、さらに長所を伸ばそうとする心情を育てたい。

●児童の実態（児童観）

内面的なよさに目を向けて、それを自分の長所と意識することや、長所を伸ばそうとする児童は少ない。本時は、児童の考え方を深めるために、「深化」を意図して授業を行う。自分の長所を振り返り、内面的なよさに目を向け、長所を伸ばすことの意義や喜びを自分事として考えさせていきたい。

3　教材について（教材観）

●教材の概要

本教材は、「いいところなんて1つもない」と思っていたぼくが、ソフトボール投げの時間をきっかけに、これまで気が付かなかった長所に気付き、へとへとになるまでがんばり、長所を伸ばして自信を付け、さらに、長所を伸ばそうとする話である。自分の長所を信じて、自己の向上を図って自信を付け、自己実現を果たしたいと希望をもつ教材である。

●教材活用の視点

自分の内面的なよさに気付き、長所をさらに伸ばそうとする気持ちを自分との関わりで考えさせるために、ぼくに自我関与させ「もう1年前のぼくじゃない」と思う気持ちを考え、価値理解を深める。そのため、自分に自信をなくしている気持ちを考え、人間理解を図る。そして、長所を伸ばそうとする気持ちを多面的・多角的に考えさせるために、「へとへとになるまでがんばったぼくの気持ち」を問い、価値理解や人間理解を図る。

4　指導のポイント

内面的なよさに気付くきっかけとして、長所を伸ばそうとへとへとになりながら努力し、自信を付けていく気持ちを多面的・多角的に考えさせるために、児童からの考えや思いを「個性伸長」、「感謝」、「友情、信頼」、「努力と強い意志」、「希望」等に整理、分類して板書する。

学習指導過程

	学習活動（主な発問と予想される反応）	指導上の留意点
導入	1　自分の長所を思い出す ○自分のことでいいなと思うところはありますか。	・自分の長所を振り返り、ねらいとする道徳的価値へ方向付けを行う。
展開	2　『うれしく思えた日から』を読んで、話し合う ○「いいところなんて１つもない」と思っているぼくは、どんな気持ちだったでしょうか。 ・どうせ頑張ってもできない。 ・本当は、もっといいところを増やしたいけれどできない。 ・どうしたらうまくいくのだろう。 ・長所のある友達がうらやましい。 ・やる気がおきない。 ○野球の練習をへとへとになるまでがんばったぼくは、どんな気持ちだったでしょう。 ・今までのぼくとは違う。（個性伸長） ・これまでだったら諦めていたかもしれないけど、今は諦めない。（個性伸長、努力） ・もっとうまくなりたい。（個性伸長） ・応援してくれた友達にありがとう。（感謝） ・友達の言葉を信じて頑張る。（友情、信頼） ・絶対に試合にでるぞ。（努力と強い意志） ・やりたいことが見つかってうれしい。（希望） ○「もう１年前のぼくじゃない」と思っているときのぼくは、どんな気持ちだったでしょうか。 ・もっと得意なことを増やしたい。 ・いろいろなことができるようになってうれしい。 ・進んでいろいろなことができるようになった。 ・もっといろいろなことに挑戦したい。 ・なんでも諦めずにやればできるから頑張ろう。 3　自己の長所を振り返り、これから自分はどうしたいかについて考える ○自分のよいところを振り返って、自分のよさ伸ばしていたかどうか考えよう。	・自分のよさに見いだせないときの気持ちを主人公に自我関与して考えさせ、人間理解を深める。 ・自分のよさを伸ばそうとするときの気持ちを、主人公に自我関与して多角的に考えさせる。 ・ねらいとする道徳的価値を深めるために、児童からの考えや思いを分類して板書をする。（個性伸長、感謝、友情、信頼、努力と強い意志、希望等） ・自分のよさを確信したときの気持ちを主人公に自我関与して多角的に考えさせる。 ・自分の長所に気付き、自信をもたせるために、自分自身を振り返るとともに自分の長所を友達から教えてもらい、自分の長所を見つめ直す。
終末	4　教師の説話を聞く ○教師自身が、内面的なよさを生かして長所を伸ばしたいと思ったときのことを話す。	・自分自身が内面的なよさを意識して、長所を伸ばしていきたいと思えるようにする。

うれしく思えた日から

板書計画

児童の多面的・多角的な発言を整理した板書構成

ねらいとする道徳的価値の理解を深めることのできるように、多面的・多角的な発言を整理して板書する。

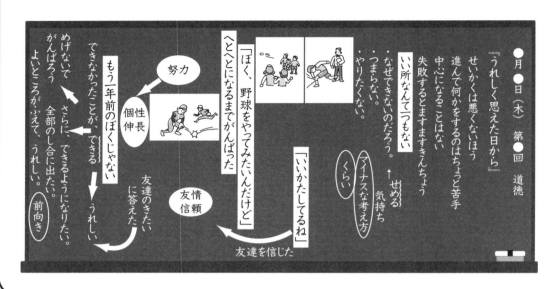

授業の実際

1 多面的・多角的に考えさせる授業の実際

T 野球の練習をへとへとになるまでやったのだね。このときのぼくはどんな気持ちだと思いますか。
C しんどい。嫌だ。という気持ちだと思います。
C 野球ができる自分が素晴らしいと思ったと思います。（個性身長）
C 自分ならできる。という気持ちです。（努力と強い意志）
T どういうことですか？
C 苦しくても最後まで自分だったらできると思ったと思う。
T あきらめたくないっていうことかな。
C 野球で自分のいいところを見付けようとしたと思います。（個性伸長）
T どんないいところを見付けようとしたのかな。
C 投げる、打つ、走る。

T それまでは、できなかったけど、見付けようとしたのだね。
C 友達が言ってくれたことを信じよう。（友情、信頼）
C 友達の期待に応えたい。（友情、信頼）
C しんどくていやだけど、自分のいいところだけは頑張りたいと思った。（個性伸長）
C これから、もっとすごい選手になりたい。（個性伸長）
C 自分は、へとへとになるまでがんばって、すごいな。
T ほめてあげたくなったのだね。
C いいところなんて１つもない気持ちに対してなんだけど、努力していいところを見付けたいな、と思ったと思う。
（整理した板書を指して）
T みんなはどうかな？それぞれの考えで近い考え方の人はいますか。（挙手させる。）

多面的・多角的に考えさせる学習のポイント（考察）

多面的・多画的に考えさせるために発問を工夫する。

「内面的なよさ」について、児童が考えることができるように、資料を読んだ後にもう一度、「ぼく」の性格を板書に提示しながらおさえる。

2つ目の基本発問で、多面的・多角的に児童が考えることができるよう、友達からの励ましの言葉や練習がとても厳しかったことを教師の発言でしっかりとおさえる。

それぞれの道徳的価値について、一人一人が挙手する（自分の考えを示す）場面を作る。

中心発問では、最初におさえたぼくの性格と対比させながら、ぼくの内面的なよさについて考えることができるように、意図的にはじめのぼくの性格について触れる。

2　中心発問における授業の実際

T　「もう1年前のぼくじゃない。」こう言っているとき、ぼくはどんな気持ちだったでしょうか。
C　前までは、後ろ向きだったけど、今は前向きな気持ち。
T　気持ちが変わったのだね。最初は、こんな性格だったのだよね。（板書の最初を指さす）前向きなところも、ぼくのよいところだね。
C　いいところなんて1つもないと言っていたぼくが、うそみたいでありえない。
T　どうしてありえないと思ったのかな。
C　…。
T　Cさんみたいに思った人はいますか。（挙手させる）結構たくさんいるね、どうして、そう思ったのかな。
C　1年前のぼくと今のぼくを比べたら、心を入れ替えたみたいに違う人になったみたいにいいところが出てきた。
T　いいところってどんなところ。
C　野球のプレーとか、試合に出してもらえるとか。1年前のぼくとは違う人になっているみたい。
C　もっとできるようになって、全部の試合に出たい。
C　努力したから、1年前の自分じゃない。でももっと、努力したい。
T　努力できるところも、ぼくのよいところだね。野球のプレー以外で、気持ちの部分でも、よいところがたくさん増えたね。

………… 評価のポイント …………

・長所を伸ばそうとしているときのぼくに自我関与し、長所を伸ばそうとしている気持ちについて、考えることができたか。（発言）
・自分のよさを伸ばしたり伸ばそうとしたりした自分を見つめることができかたか。（ワークシート、発言）

うれしく思えた日から

主題	内容項目	主として自分自身に関すること
最後までやり通す	A 希望と勇気、努力と強い意志	

第4学年　　　　　　　　　　　　　　　　　　　　　その他

わたしののれん

出典　文部省「小学校道徳の指導資料とその利用4」

1　ねらい

自分で立てた目標を達成するために、粘り強く最後までやり通そうとする態度を育てる。

2　主題設定の理由（指導観）

●ねらいとする道徳的価値（価値観）

1人の人間として自立しよりよく生きていくためには、自分の目標を立てその達成に向けて、粘り強くやり遂げることがとても重要である。途中であきらめず、根気強く努力を継続していく態度を身に付けさせたい。

●児童の実態（児童観）

児童は、自分の好きなことには、自ら目標を立て、計画的に努力する構えも身に付いている。しかし、つらいことや苦しいことがあると、くじけてしまうことがある。あきらめずに粘り強くやり抜く強い意志が必要であることを考えさせたい。

3　教材について（教材観）

●教材の概要

主人公のわたしは、友達の美代子が作ったガラス玉ののれんを見て、自分も作ってみたくなる。母に聞いたいらなくなった広告の紙を利用した管を利用して、夏休みにのれんを作ることを決める。しかし、細長い三角形に切った広告の紙を形よく巻くのは難しく、思うように進まない。2、3日経つと飽きてしまい、作るのをやめてしまう。しかし、母や姉に励まされ、1週間以上かけて自分の力で作り上げることができた。

●教材活用の視点

自ら目標を立て、継続して取り組み、粘り強く最後までやり抜く上で、大切な心構えは何かについて、学級全体で追究していく。そこで、うまくいかずにくじけそうになる主人公に自我関与させて、最後まであきらめずにやり抜く強い意志が大切であることを考えられるようにしたい。

4　指導のポイント

自分の目標の達成には、途中であきらめず、粘り強くやり抜く意志が必要であることを実感をもって深く考えさせるために、事前にのれんの管をつくる体験的な学習を取り入れる。導入段階で行事等の体験活動を想起させ、共通の問題意識をもたせる。また、事前に行った体験活動で感じたことを、授業の話合いに直接生かすことを通して、努力を続けることについて深く考えさせる。

学習指導過程

	学習活動（主な発問と予想される反応）	指導上の留意点
導入	1　自分で決めた目標をやり遂げたかどうか想起し、発表し合う ○持久走大会で立てた目標を、達成することはできたか。 ・毎日校庭を10周走る目標を立てて、実行できた。 ・途中で歩かずに走ろうという目標を立てたが、歩いてしまった。	・共通の問題意識をもたせるために、学校行事など、学級の全ての児童が体験した活動を想起させる。
	自分で決めた目標をやり抜くとき、大切な心はなんだろう。	
展開	2　『わたしののれん』を読み、話し合う ○わたしは、のれんの管が思うように作れないとき、どんな気持ちだったか。 ・面倒だからもうやめよう。 ・最後まで作るのは、無理かもしれない。 ◎しばらく作るのをやめたのれんづくりをもう一度作ろうとしたのはどんな考えからか。 ・お母さんに無理だと言われたから。 ・お姉さんが手伝ってくれたから。 ・自分で決めた目標だから。 ○できあがったのれんを見たとき、どんな気持ちだっただろう。 ・できあがってうれしい。 ・最後までやり通してよかった。 3　自分の目標に粘り強く取り組んできた思いを振り返る ○今まで、自分が決めた目標に向かって、どのように考え取り組んできたか。	・思い通りに作れず、作るのをやめてしまう主人公の気持ちを自分事として考えられるようにするため、事前に行ったのれんの管づくりを想起させる。 ・ワークシートに自分の考えを記入した後、ペアでの話合い活動の場を設定する。 ・自分で決めた目標をやり抜くとき、最後まであきらめないことが大切であることを自分との関わりで考えさせる。 ・自分との関わりで目標をやり抜いたときのすがすがしい気持ちを考えさせる。 ・今までを振り返り、自分の考えを深め整理するために、ワークシートに記入させる。
終末	4　教師の説話を聞く	・目標に向かって努力し、夢を叶えた卒業生の卒業文集を読む。

主として自分自身に関すること

A
B
C
D

わたしののれん

板書計画

体験的な学習を生かす板書構成

導入段階で想起した共通の体験から、「目標をやり抜く」という問題意識を明示したり、事前に体験した実物を提示したりして、自分との関わりで考える学習を促す板書を構想する。

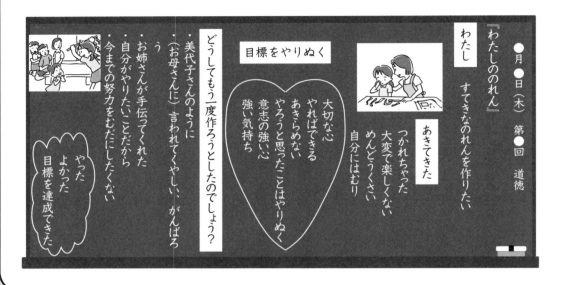

授業の実際

1 共通体験から問題意識をもたせる導入

T この前、持久走大会がありましたね。練習する前に、みなさんはどんな目標を立てましたか。
C 毎日、校庭を10周走るという目標を立てました。
T 大変な目標ですね。それは、達成できましたか。
C できました。ぼくは、走ることが大好きなので、10周以上走った日もありました。
T すばらしいですね。
C わたしは、途中で歩かないで、最後まで走ることを目標にしましたが、できませんでした。
T どうしてですか。
C わたしは、走ることが苦手なので、途中で、息が苦しくなってしまったからです。
T なるほど。ほかの人たちも同じようなことがありますか?
C ぼくも、校庭を10周走ることを目標にしましたが、できない日が多かったです。
T できなかった訳は何ですか。
C ぼくにしては、少し目標が難し過ぎたかなと思います。
C わたしも目標が難し過ぎたなと思いました。
T なるほど、持久走大会以外でも、目標を立てて取り組むことはいろいろありますね。
　では、その目標をやり抜くために大切な心とは、何でしょう。今日は、このことを考えていきましょう。
(「目標をやりぬく」を板書)
(教材提示)

共通体験をもとに、実感をもって深く考える

共通体験をもとに、実感をもって深く考えられるようにする。

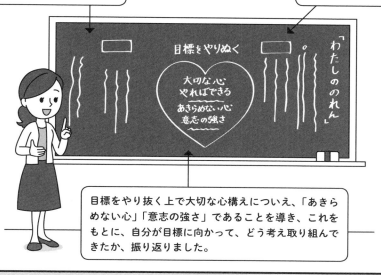

事前に作ってみたのれんの管の実物を提示し、自分事として主人公の気持ちを考えさせる。

導入段階で行事等の体験活動を想起させ、共通の問題意識をもたせる。

目標をやり抜く上で大切な心構えについえ、「あきらめない心」「意志の強さ」であることを導き、これをもとに、自分が目標に向かって、どう考え取り組んできたか、振り返りました。

2 体験活動で感じたことを生かした話合い

T みなさんものれんの管を作ってみましたね。わたしがしばらく作るのをやめてしまったとき、どんな気持ちだったのでしょう。
C 作るのは、大変だな。
C 自分には、のれんを作るのは無理かもしれないな。
T もし1人で、あと40本以上、管を100個くらい作るとしたら…
C (「大変！」「無理！」)
T あきてしまったわたしの気持ちが分かるなという人は…
C (全員挙手)
T でも、わたしはどうしてもう一度作ろうとしたのでしょうね。
(ワークシートに考えを記入)
C お母さんに無理だと言われて、悔しかったから。
C 今までの努力を無駄にしたくなかった、のだと思います。

T 目標をやり抜くのに大切にしたい心は何でしょう。
C あきらめない心です。
C やろうと思ったことはやり抜く意志の強い心です。
T このような心があれば、目標をやり抜くことができそうですか。では、今まで、自分が決めた目標に向かって、どのように考え、取り組んできましたか。

──────── 評価のポイント ────────

本時の指導の意図は、共通の体験から、目標を最後までやり抜く意志の大切さを、実感をもって考えさせることである。児童が、粘り強く取り組む上で大切な心構えについて自分事として考えている状況を発言やつぶやき、ワークシートなどから評価する。

わたしののれん

主題	内容項目	主として人との関わりに関すること

できなかった親切　　B 親切、思いやり

その他

第4学年
おじいさんの顔

出典　文部省「小学校道徳の指導資料　児童作文」

1　ねらい

困っている人を思いやり、進んで親切にしようとする態度を育てる。

2　主題設定の理由（指導観）

●ねらいとする道徳的価値（価値観）

相手に対して思いやりの心をもち、親切にすることがよりよい人間関係を築く基礎となる。中学年では、相手の置かれている状況を自分のこととして想像することによって、相手のことを考え、親切な行為を自ら進んでできるようにしたい。

●児童の実態（児童観）

困っている人がいたら親切にするという行為はほとんどの児童が経験している。しかし、相手の気持ちを考えず自分本位で行動してしまったり、消極的になってしまったりすることがある。相手の気持ちや立場を理解し、行動する大切さに考えさせたい。

3　教材について（教材観）

●教材の概要

夏のある日、「ぼく」は電車を待っていた。ホームにはたくさんの人がおり、やっと3つ目の駅で席に座ることができた。そのとき、大きな荷物を持ち、汗をかきながら電車に乗って来たおじいさんがぼくの前に立つ。ぼくは席を譲ろうかどうしようか悩んでいるうちに、隣の男の人が席を譲る。おじいさんは「ありがとう。」と何度も言いながら笑顔でぼくの隣に座った。

●教材活用の視点

「ぼく」に自我関与して親切にしたくてもできない気持ちを考えさせながら、親切にできなかった「ぼく」と親切にした男の人の気持ちを対比させる。親切にすることで困っている人を笑顔にすること、自分も心が晴れてすっきりすることを考えさせたい。

4　指導のポイント

「ぼく」がとった行動について、体験的な活動を取り入れる。席を譲ろうかどうしようか迷っている場面と、男の人が譲った場面を両方動作化で体験させる。そこから、両方の気持ちを問い、親切が相手も自分もうれしくなることについて話し合わせる。

学習指導過程

	学習活動（主な発問と予想される反応）	指導上の留意点
導入	1　親切の意味について考える ○「親切」とはどういうことだろうか。 ・困っている人に声をかける。 ・自分よりも年下や高齢の人を助ける。 ○本時の課題を確認する。 　　　「親切にする」ために大切なことはなんだろう。	・親切についての意味を考えながら本時の課題を提示する。
展開	2　『おじいさんの顔』を読み、話し合う ○おじいさんが目の前に立ったとき、「ぼく」はどんなことを考えたか。 ・声をかけるのが恥ずかしい。 ・誰かゆずってくれないかな。 ・やっと座れたから、ゆずりたくない。 ○おじいさんに笑顔で「ありがとう。」と言われたとき、どんな気持ちだったか。 ・笑顔が見られてうれしい。 ・早くゆずればよかった。 ○席をゆずってもらったおじいさんはどんな気持ちだったか。 ・声をかけてもらえて嬉しい。 ・ありがとう。 ◎「ぼく」は「親切にする」ために大切なことはなんだと考えただろうか。 ・自分よりも相手の気持ちを考える。 ・思い切って声をかける。 ・相手が笑顔になる方法を考える。 3　親切にできたとき、できなかったことについて考えや思いを振り返る ○今まで親切にできた（できなかった）経験はあるか。	・紙芝居にして読み聞かせる。 ・登場人物の気持ちに自我関与して考えさせるために、動作化をする。 ・教師がおじいさん役になり、重い荷物を持って児童の前に立つ。児童はしばらく座ったまま考え、そのときの気持ちを聞く。 ・今度は男の人のように、児童が「どうぞ」と言って席を立つ。笑顔で「ありがとう。」を繰り返す教師の発言の後の気持ちを聞く。 ・ペアで「ぼく」と「おじいさん」を交互に体験する。 ・「親切にできなかった」「親切にできた」「親切にしてもらった」3方向の気持ちから、親切について多面的・多角的に考えられるようにする。 ・親切にできた（できなかった）経験から、本時の授業を通して考えたことを書く。
終末	4　教師の説話を聞く	・教師自身が親切にしてもらって嬉しかった経験を話す。

主として人との関わりに関すること

おじいさんの顔

板書計画

道徳的価値を多面的に捉えさせる板書

「親切」についての多面的な考えを構造的に示し、視覚的に捉えやすくする。

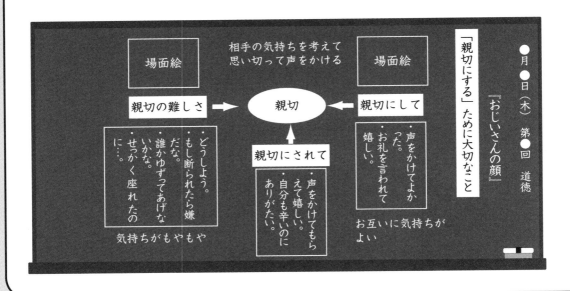

授業の実際

1 体験的な学習の実際

T おじいさんが大きな荷物をもってため息をつきながら「ぼく」の前に立ったとき、どんな気持ちだったでしょう。実際にやってみて考えてみましょう。
（教師が大きな荷物を持ち、児童の前に立つ。児童はしばらく黙って考える。）
C どんな気持ちですか。
C 誰かおじいさんに席をゆずってほしい。
C （見ている児童）目も合わせていないよ。
T それはどうしてですか。
C なんだか申し訳なくて。だけど、自分も疲れているから、席をゆずりたくない。
C せっかくゆずったのに、断られるかもしれなくて声をかけづらい。
T 今度は、男の人のように「どうぞ。」と言っておじいさんに席をゆずってみましょう。
C どうぞ。（児童は席を立つ）
T ありがとう。（教師は笑顔で席に座る）
C なんだかほっとした。
T それはどうしてですか。
C 気持ちがすっきりしたから。
T 見ている周りのみなさんはどうですか。
C 見ている方も安心しました。
T では、2人でペアになり、「ぼく」の役とおじいさんの役を交互にやってみましょう。
（双方の気持ちを聞く）
T 席をゆずってもらったおじいさんはどんな気持ちだったでしょうか。
C 声をかけてもらえてありがたい。
C 疲れていたので、本当に助かる。
C ゆずってくれた気持ちがとてもうれしかった。

体験的な学習のポイント

3つの立場をそれぞれ体験することで、多面的・多画的に考えられるようにする。

男の人のように行動した「ぼく」とおじいさんの両方の動作化を経験することで、お互いの気持ちを知り、親切な行為が相手も自分もよい気持ちになることを実感させるようにする。

3方向の気持ちを考えることで、親切を多面的・多角的に捉えられるようにする。

親切という行為の難しさにも触れながら、相手の気持ちを自分のことのように考え、進んで親切にすることのよさについて話し合わせる。

2 体験的な活動から個々のまとめ

T 親切にしたりされたりすることによって、お互いによい気持ちになるということですね。それでは、「親切にする」ために大切なことはなんでしょう。
C 自分よりも相手の気持ちを考える。
C 恥ずかしがらないで、思い切って声をかけてみる。
T 皆さんは、男の人のように親切にできた経験はありますか。また、「ぼく」のように親切にできなかった経験はありますか。
C できたこともあるし、できなかったこともある。
C 電車の座席は、お母さんに言われたからゆずったけれど…。
T 自分について振り返ってみましょう。
C ぼくは、ブランコに乗るとき、小さい子が並んでいて、順番をゆずりました。その子が「ありがとう。」と言ってくれて、とても嬉しかったです。電車でも親切をしてみます。
C この話を読んで、親切はみんなを笑顔にするとてもいいものだと思いました。わたしはあまり親切にしていなかったと思うので、よく考えて行動したいです。

評価のポイント

本時の学習の意図は、児童が主人公に自我関与しながら、親切を多面的・多角的に考えることである。親切に対する考えや思いを自分事として考えている学習状況を動作化や発言、ワークシートなどから把握する。

おじいさんの顔

主　題	内容項目	主として人との関わりに関すること
感謝の気持ちをもって	B 感謝	

第4学年　　　　　　　　　　　　　　　　　　　　　廣　あ
妙見山のちかい〜岩崎弥太郎〜

出典　文部科学省「小学校道徳　読み物資料集」

1　ねらい

自分を支えてくれている人々に感謝しようとする態度を育てる。

2　主題設定の理由（指導観）

●ねらいとする道徳的価値（価値観）

自分は、身近な人々の支えがあって自分が存在しているということに気付くとき、相手に対する尊敬と感謝の念が生まれてくる。その気持ちが、自分も人々や公共のために役に立とうとする心情や態度につながっていくように指導したい。

●児童の実態（児童観）

日々の生活で、自分は誰かに支えられていることに気付き、感謝の気持ちを伝えられるようになっている。しかし、感謝の念を表すことは難しいこともある。自分を支えてくれている人に、尊敬と感謝の気持ちを伝えることの大切さを考えさせたい。

3　教材について（教材観）

●教材の概要

弥太郎は勉強熱心で、世界を相手に仕事をする夢をもつ。江戸で勉強する機会があったのだが、経済的に余裕がない家庭だったためあきらめ、怠けてしまうようになった。両親は、弥太郎の気持ちを思って、たった1つの財産である山を売り、費用を工面する。弥太郎は、その両親の思いに応えようと自分を奮い立たせ、江戸で勉強に励むのである。やがて、国内だけではなく、外国も相手にする海運会社を作り事業を成功させる。

●教材活用の視点

自分を支えてくれる人への尊敬と感謝の気持ちをどのような態度であらわすのかを問題として、学級全体で話し合っていく。多くの人々に支え、助けられていることへの気付きを、自分も人のために役に立とうとする心情や態度につながるようにするため、弥太郎に自我関与させて考えられるようにしたい。

4　指導のポイント

尊敬と感謝の気持ちを持って接する態度を支える多様な考え方や感じ方を問題として、問題解決的な学習を展開する。展開前段で自我関与させて考えた思いから、展開後段で自分たちの生活を振り返る。自分の生活を支えてくれる人への思いを考え、尊敬や感謝の念をもって接することは、どのような行動につながっていくのかを話し合わせる。

学習指導過程

	学習活動（主な発問と予想される反応）	指導上の留意点
導入	1　身近な人に感謝していることを想起し発表する 〇身近な人に感謝することはありますか。 ・毎日、ご飯を作ってくれる父に感謝している。 ・お母さんが、習い事の送り迎えをしてくれる。 ・感謝することは、ないかもしれない。	・日ごろから誰に感謝しているか想起する。 ・どのようなことに感謝しているか、想起する。 ・教材の内容を簡単に紹介する。
展開	2　『妙見山のちかい』を読んで考える 〇「勉強したってむだじゃ」と海をにらんでいるとき、弥太郎はどんな気持ちだったでしょう。 ・勉強したいのに、だれも力になってくれない。 ・自分は１人でやるしかないのか。 ・世界を相手に仕事をしたいなぁ。 〇両親が山を売って作ったお金を見て、どんな事を考えましたか。 ・ちゃんと、勉強したいことをわかってくれていた。 ・わしは、ちゃんと支えてもらえていた。 ・お母さん、お父さんありがとう。 ◎「ゆめをかなえるまで、この山には登らん」とちかいを立てたとき、どんなことを考えましたか。 ・自分を支えてくれた両親の気持ちにこたえることが感謝することになるのだ。 ・あきらめて帰ってきては、申し訳ない。 ・立派になって帰ってくることが、感謝の気持ちを表すことになるのだ。 3　自分の生活を振り返り、自分を支えてくれている人への感謝の伝え方を考える 〇感謝を伝えるために、どんなことをしましたか。 ・支えてくれる人の思いにこたえられるようにした。 ・いつでも「ありがとう」の気持ちをわすれないようにした。 ・ちょっとしたことでも、支えに気付くようにした。	・頑張ろうとしていることに、だれも支えとなってくれないもどかしさを理解するために、妙見山に立つ弥太郎に自我関与させて考える。 ・自分のことをちゃんと理解し支えてくれていた両親への感謝の念が生まれてきたことを自分事として考える。 ・自分を支えてくれた両親への感謝の念を、自分との関りで考えさせるようにする。 ・自分の生活を支えてくれる人への思いを考え、尊敬や感謝の念を持って接することは、どのような行動につながっていくのかを話し合う。
終末	4　教師の説話を聞く	・今、教師として、感謝していることについて話す。

主として人との関わりに関すること

妙見山のちかい〜岩崎弥太郎〜

板書計画

登場人物への自我関与を促す板書

　場面絵を用いて各場面での登場人物の気持ちを整理し、「感謝」について自分との関わりで考え、自分自身の振り返りへとつなげる。

授業の実際

1　問題設定の実際

T　みなさんは、生活の中で感謝することがあると思いますが、その思いをどのように伝えていますか。

C　「ありがとう」と言っている。

C　ご飯を作ってもらったら「いただきます」と言ってから食べています。

T　言葉で気持ちを伝えているのですね。

C　わたしは、ご飯のとき、残さず食べています。

T　なるほど、「残さない」ということが感謝の気持ちを表しているのですね。

C　プレゼントを渡します。

C　ぼくは、母の日に、お花を贈りました。

T　贈り物をして自分の気持ちを伝えようとしたのですね。みなさんは、いろいろなことに感謝して、その思いを伝えようとしているのがわかりました。

　それではどうして、感謝の気持ちを言葉で伝えたいと思ったり、贈り物に気持ちを込めて感謝の気持ちを届けようと思うのですか？（少し間を取る）

　今日は、感謝の気持ちをもつということについて考えていきたいと思います。

（教材提示）

　実は、この岩崎弥太郎という人も、感謝の気持ちを伝えようとしました。感謝するということをどのように考えていけばいいのでしょうか。一緒に考えながら『妙見山のちかい』というお話を読んでいきます。

・場面絵を先に黒板に提示し、場面設定をしておく

・教材は配布せずに、読み聞かせることで、考えることに集中できるようにする

・言葉の表現などは解説を入れながら読み聞かせる

問題解決的な学習のポイント

「感謝」について児童一人一人が自分事として考えられる授業を展開する。

一つ一つの発問では、児童が登場人物に自我関与させたり、自分自身に取りかけたりできるようにする。そのため、十分間を取り考える時間を確保するようにする。(子供たちが、話し合うのではなく、自分の中でいろいろと思いを巡らせるようにする)

感謝の気持ちを表すということは、自分を支えてくれた両親に、「自分のどんな姿を見せること」なのかということへと思いをつなげていく。それをもとにして、自分を身近に支えてくれる人に、児童一人一人が思い描く感謝の気持ちを考えさせる。(言葉で伝えるだけでなく、自分の行動を見せることも感謝の意を示すことにつながる)

日々の身近な人の支えは生活の中で当たり前のように行われ、気付かないこともあるかもしれない。自分自身を振り返り、相手との関わりの中で行われていることを想起することで、感謝するということについて問題意識を持てるようにする。

2 問題解決から個々のまとめ

T 「ゆめをかなえるまで、この山には登らん」と言ったとき、どんなことを考えましたか。
C 途中で帰ってきたら、お金を用意してくれた両親に申し訳ない。
C 夢がかなわなかったら、「ありがとう」と言っても、気持ちがこもらない。
C あきらめたら、「ありがとう」が嘘になってしまう。
T 感謝の気持ちを伝えるにはどうすればよいか、いろいろなことを考えたと思いますよ。
C 立派なすがたを見せることが感謝の気持ちを伝えることになる。
C 言葉で「ありがとう」を伝えるだけでは足りない。
T 感謝の気持ちは、言葉だけではなくて、態度であらわしたり、行動で示したりすることなのではないかということですね。
　それでは、自分の生活を振り返って、自分を支えてくれている人に感謝の気持ちを伝えるにはどうしたらよいか考えていきましょう。

評価のポイント

本時の指導の意図は、感謝の気持ちを態度であらわすことについて考えさせたい。

児童が主人公に自我関与させて感謝についての思いをもつときに、自分は生活の中でいろいろな人に支えられていることに気付き、自分のこととして考えている様子をワークシートへの記述から読み取っていくようにする。

妙見山のちかい～岩崎弥太郎～

主題	内容項目	主として人との関わりに関すること
相手を思いやる心	B 礼儀	

第4学年

生きたれいぎ

学図　日文　光文③　廣あ

※③：第3学年掲載

出典 文部省「小学校道徳の指導資料第2集第4学年」

1　ねらい

礼儀の大切さを知り、誰に対しても真心をもって接しようとする心情を育てる。

2　主題設定の理由（指導観）

●●ねらいとする道徳的価値（価値観）

礼儀は、挨拶や言葉遣い、所作や動作など作法として表現されるが、よい人間関係を築くためには、相手に対して真心がこもった気持ちのよい応対ができなければならない。人との関わりにおいてどのような振る舞いがよいのかを感得させたい。

●●児童の実態（児童観）

自我が芽生えてきた児童は、ともすると自分勝手に行動しがちであるが、相手の気持ちを考えられるようにもなってくる。自分の考えを押し通すのではなく、相手のことを思いやり真心のこもった行動をとるとはどういうことなのかを考えさせたい。

3　教材について（教材観）

●●教材の概要

ある国の女王様が、外国から来たお客様をもてなすためにパーティーを開く。お客様は女王様の前でお話しし、食事をとるので、とてもかたくなっていた。料理もおしまいに近づき、果物と一緒にフィンガーボールが運ばれてくる。これは、汚れた手を洗うためのものだが、お客様は、うっかりそのフィンガーボールの水を飲んでしまう。するとフィンガーボールのことを知っている女王様も素知らぬ顔をして、フィンガーボールの水を飲みほしてしまう。

●●教材活用の視点

女王様に自我関与させ、お客様をもてなすため何に気を配っているのかを考えさせることにより、相手のことを親身に思いやることを考えさせる。そして、お客様がフィンガーボールを飲んでしまった場面での女王様に自我関与させることにより、真心をもって接していることの意義について考えさせたい。

4　指導のポイント

女王様に自我関与させることによって、立場にとらわれず誰に対しても真心をもって接しようとしている思いを考えさせる。そこで、展開では、フィンガーボールの水を飲んでしまったお客様を大切にするためにどう行動するとよいのか思いめぐらせている女王様の心情を、対話させることによって想像させたい。

学習指導過程

	学習活動（主な発問と予想される反応）	指導上の留意点
導入	1 「礼儀」についてのイメージを発表する 礼儀とはどんなことだと思いますか。 ・きちんと挨拶すること ・姿勢よく座っていること	・日常で意識している礼儀を出させることにより、道徳的価値への方向付けを行う。
展開	2 『生きたれいぎ』を読む 3 女王様に自我関与させることにより、礼儀について考える ○女王様の行動で素晴らしいなぁ、残念だなぁと思ったことはありますか。 ・お客が水を飲んだとき、自分も飲んだのが素晴らしい。 ・お客が水を飲んだとき、何も言わなかったのが残念だ。 ○お客様がフィンガーボールの水を飲んだとき、女王様はどう思ったのでしょう。 教えた方がいい 　・フィンガーボールのことを知らないのかしら。 　・マナーを知らないのかしら。 　・緊張していらっしゃるのかもしれない。 　・飲み水と間違えたのかしら。 教えなくてもいい 　・きっと、勘違いされただけでしょう。 　・恥をかかせてはいけない。 　・私も飲むことにしましょう。 　・教えたら、ほかのお客様に気づかれて客様に恥をかかせてしまう。 ◎女王様は、どんな思いでフィンガーボールの水を飲んだのでしょう。 ・お客様が恥をかかなくてすむわ。 ・これで周りの人も何も言わないでしょう。 ・マナーのこと思い出されたかしら。 ・あとで、ゆっくりお話しましょう。 ・みなさんよい気持ちになられたかしら 4 誰に対しても真心をもって接することができていたかを振り返る ○真心をこめた気持ちのよい対応ができたことがあるか振り返ってみよう。	・内容をしっかり把握させるため、間をとったり、抑揚をつけたりして読み聞かせる。 ・お客様がフィンガーボールの水を飲んだ際の思いを考えさせる。 ・ペア対話の前に、女王様の思いを自分との関わりで考えさせる。 ・女王様に自我関与させ、2つの立場に分けてペア対話させることにより、多様な考え方があることを理解させる。 ・対話をして他者の意見を聞いた後の自己の考えの深まりを聞き、確かな自己理解につなげる。（人間理解、他者理解、自己理解） ・マナーを分かった上で、相手を思う真心から出た行動であることを考えさせる。（価値理解） ・礼儀の本来の意味を理解させるため、礼儀は「相手に対して真心がこもった気持ちのよい応対をすること」と短冊に書き提示する。 ・自分の行動を思い起こし、真心をもって対応できていたかを振り返らせる。（自己理解）
終末	5 教師の説話を聞く	・教師が経験した、誰に対しても真心をもって接することの大切さを話す。

主として人との関わりに関すること

生きたれいぎ

板書計画

登場人物への自我関与を深める板書構成

場面ごとの礼儀に関わる気持ちを整理しながら、自我関与を促す板書を構成する。

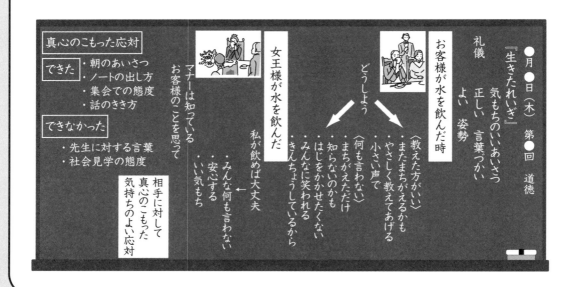

授業の実際

1　ペア対話の実際

T　お客様が水を飲んでしまったとき、女王様はどう思ったのでしょう。
C　驚いて、マナーを知らないのかしらと思いました。
C　他のお客様もいるので、どうしようかと困ったと思います。
C　マナーを教えた方がいいか迷ったと思います。
C　何とかしなくてはと思ったと思います。
T　教えた方がいいという気持ちと何とかしなくてはという気持ちがあるようですね。ペア対話で女王様の思いを話し合ってみましょう。
C　マナーを知らないのなら、教えてあげた方がいい。
C　他のお客様の前で恥をかかせてはいけない。
T　それぞれの立場でペア対話してみましょう。（2分後）立場を交代しましょう。
T　話し合ってみて思ったことはありますか。
C　初めは、マナーを教えてあげた方がいいと思いましたが、言わない方がいい場合もあることがわかりました。
T　いろいろな思いが出ましたね。その後、女王様は、同様に水を飲んでしまいましたね。どう思って飲んだのでしょう。
C　女王様も同じことをしたので、お客様が恥をかかなくてすんだと思った。
C　この後も、楽しく会話ができると思った。
C　招いたお客様全員が気持ちよく過ごせると思った。
C　女王様もいろいろ考えて、食事の場面が楽しくなるように水を飲んだと思いました。

ペア対話学習のポイント

多面的で多様な考えがあることを理解できるようにする。

お客様は、緊張してマナーを忘れてしまったのかもしれないから教えてあげた方がいいと思います。

でも、もし、みんながお客様のことを笑ったりしたら雰囲気が悪くなると思うよ。

女王様は、みなさんが楽しくお食事できるように水を飲んだのかもしれないよ。

2　ペア対話から個々の振り返り

T　女王様は、その場の雰囲気を壊さないようにして、誰に対しても真心をもって行動されましたが、みなさんも真心をもって誰かに接したことはありますか。
C　学校に地域の方がいらっしゃったときに、気持ちを込めて挨拶したことがあります。
C　試合に負けても最後の挨拶は気持ちよく大きな声で挨拶しています。
C　ドッチボールの試合をしていて、負けた時、気持ちのよい挨拶ができなかったのでよくなかった。
C　友達が静かにしなくちゃいけないときにやかましかったので強く言い過ぎました。
C　登校のときに1年生が「おはようございます」と元気よく言ってきたので、わたしは「よく言えたね。おはよう。」と心を込めて言いました。
T　1年生は、どんな様子でしたか。
C　とてもうれしそうでした。

> ……… 評価のポイント ………
>
> 　本時の学習の意図は、児童が主人公に自我関与して、社会のルールやその場の状況を正しく捉えつつ、立場に関わらず誰に対しても真心をもって接することの大切さを知ることである。
> 　自分だったらと考えさせることによって、礼儀の在り方をどうとらえているかを発言や振り返りカードなどから把握する。

生きたれいぎ

主　題	内容項目	主として人との関わりに関すること
信頼し合う友達	B 友情、信頼	

第4学年
絵葉書と切手

学図　教出
光村　日文
学研③　廣あ
※③：第3学年掲載

出典　文部省「小学校道徳の指導資料とその利用 3」

1　ねらい

友達と互いに理解し、信頼し、助け合おうとする態度を育てる。

2　主題設定の理由（指導観）

● ねらいとする道徳的価値（価値観）

　豊かな人生を送る上で、友達は大切な存在である。真の友情には、よくないことを指摘されたときはそれを受け入れる素直さも必要である。どのような状況でも、互いに信頼し合い、切磋琢磨できる友達のよさを感得できるように指導したい。

● 児童の実態（児童観）

　児童は様々な場面で協力し合いながら活動し、友達のよさを感じ取っている。しかし、自分の思いを優先して行動した結果、失敗することもある。相手にとってよいと思ったことは進んで行動することの大切さについて考えさせたい。

3　教材について（教材観）

● 教材の概要

　転校した正子からひろ子に絵葉書が届く。しかし、定形外郵便で料金不足であった。手紙を受け取り、配達員に不足料金を払った兄から、「友達だろう。教えてあげた方がいいよ。」と言われる。ひろ子は返事を書き始めるが料金不足のことを書くか迷い、母親に相談する。母親は「お礼だけ言った方がいいかもしれない。」と言うが、再び兄から、伝えるように言われる。迷った末、正子が同じことをしないようにと考え、料金不足のことを書くように決めた。

● 教材活用の視点

　友達を信頼したうえで、本当のことを知らせるか、そのまま見過ごすか迷ったときの考え方を問題として、話し合わせ、葛藤をもとに価値理解、人間理解を深めていく。本当の友達のよさを考えさせるために、正子の側からも思いを考えて、よりよい友達関係を築いていこうとする相互の感じ方を話し合わせるようにしたい。

4　指導のポイント

　導入段階で、日頃、友達について感じていることをまとめたアンケートを提示し、本当の友情を支えている感情は何かを問題として、問題解決的な学習を展開する。『絵葉書と切手』を通して、よりよい友達関係を支えている様々な感じ方や考え方を出し合い、追究させることで、友達と信頼し合い、互いに友達のことを顧みて行動しようとする態度を育てたい。

学習指導過程

	学習活動（主な発問と予想される反応）	指導上の留意点
導入	1 アンケートで友達についての意識を確かめる 　友達と一緒にいると楽しい　　　　○○人 　友達と信頼し合っている　　　　　○○人 　友達に腹が立ったり、嫌な思いを 　したりしたことがある　　　　　　○○人 ○本時の問題を確認する。 　　　友達のことを考えるとはどんなことだろうか。	・自分事として考える構えをつくるために、アンケートをもとにする。友達のよさは感じているが、いつもいい関係をつくるのは難しいことを確認して、学習問題を作る。
展開	2 『絵葉書と切手』をもとに、問題解決を図る ○お兄さんはどんな考えから、正子に料金不足のことを伝えるように言ったのか。 ・料金不足の手紙を送るなんて失礼だ。 ・友達だからこそ、きちんと教えてあげるべきだ。 ◎料金不足のことを書くべきかどうか、ひろこの心の中を考えよう。 | 料金不足のことを伝える | お礼は書くが伝えない | |---|---| | ・同じ失敗を繰り返してほしくない。 ・仲よしだから書いた理由を分かってくれる。 ・正しいことを伝えた方がいい。 | ・ケチだと思われそう。 ・数十円のことで嫌われたくはない。 ・嫌な思いをさせたくないからそっとしておこう。 | ○手紙を受け取った正子は、ひろ子のことをどう思っただろうか。 ・失敗したな。悪いことをしたな。 ・ひろ子さんが教えてくれてよかった。同じ失敗をしなくてよかった。ひろ子さんが友達でよかった。 ・ひろ子さん、ずいぶん悩んだのだろうな。 3 友達のことをかえりみて行動したり、されたりしたときの思いを振り返る ○友達のことを考えて、迷ったけど、行動に移せたことはあるか。また、言いづらいと思われることを、伝えられたことはあるか。そのとき、どのように考えたか。	・事前に、定形外郵便について補足説明をする。 ・価値理解を深めるために、言いにくいことでも友達ならきちんと伝えるべきだという考えを出させる。 ・兄と母親の考え方の違いを明確にしたうえで発問を行う。 ・人間理解と他者理解を深めるために、友情を支えている思いを自分事として考えさせる。 ・複数の道徳的価値を含む状況での思いを自分との関わりで、多面的・多角的に考えられるようにする。 ・友達のことを思って行動したときの立場と、言いにくいことを伝えられた立場との相互の感じ方を自分との関わりで考えさせる。 ・望ましい人間関係について考えるために、友達のことを考えて行動したり、されたりした経験を出し合う。
終末	4 友達と仲よく過ごしている様子を写真などを使って振り返る	・係活動や生活場面で友達との思い出を振り返り、友達のよさを味わわせる。

絵葉書と切手

板書計画
友情について多様な考えを比較する板書構成

　本時の「友情、信頼」に関わる問題を明示して、教材をもとに、様々な立場から友情について考えられるような板書を構想する。

授業の実際

1　問題設定の実際

T　先日、友達についてのアンケートをしましたね。今日は、その結果を振り返ってみましょう。
（アンケート結果を提示）
T　結果を見て、どう思いますか。
C　ほとんどの人が友達と一緒にいると楽しいんだなと思いました。
C　友達と信頼し合っているという人が多いけど、友達に腹を立てたり、嫌な思いをしたりしたことがあるという人も多いので少し変だなと思いました。
T　確かにそうですね。信頼している大切な友達でも、こういうところは嫌だと思うことや、つい、いらいらしてしまうことがあるという人はいますか。
　では、友達のよくないところに気付いたときにはどうしますか。
C　黙っていることが多いです。言うとけんかになりそうだからです。
T　黙っておいたら、友達はよくないままだけどいいのかな。
C　けんかして、友達でなくなるかもしれないから、ほうっておきます。
C　わたしは思ったことは言います。自分も嫌な思いをしたくないからです。
T　もう少し詳しく言えますか。
C　言った方が友達にとっても自分にとってもいいことだと思います。
T　実際の場面では、言うかどうかは判断が難しいですが、今日は、どのような友達が本当によい友達と言えるのか、『絵葉書と切手』というお話をもとにみんなで考えていきましょう。

友達のことを考えるとは、どのようなことだろう。

（問題カードの提示）（教材提示）

問題解決的な学習のポイント

多様な感じ方、考え方を出し合い、自分との関わりで問題を解決させる。

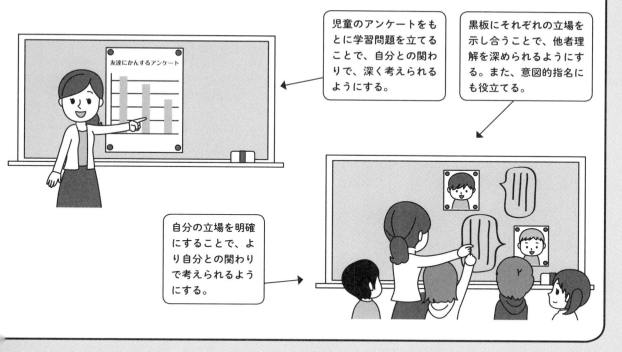

児童のアンケートをもとに学習問題を立てることで、自分との関わりで、深く考えられるようにする。

黒板にそれぞれの立場を示し合うことで、他者理解を深められるようにする。また、意図的指名にも役立てる。

自分の立場を明確にすることで、より自分との関わりで考えられるようにする。

2 個々の考えから問題解決へ

T お母さんやお兄さんの言葉を受けて、料金不足のことを書くかどうか、迷っているひろ子の心の中を考えてみましょう。
（立場にネームプレートを貼らせる。）
C 同じ失敗を繰り返してほしくないから伝える。
C 仲よしだから、書いた理由を分かってくれそうだから伝える。
C 嫌われたくないから伝えない。
C 気を遣いそうだから伝えない。
T いろいろな考えが出ましたね。正子さんを信頼して、同じ失敗をしてほしくないから伝えるという立場の友達は、よい友達と言えるでしょうか。
C わたしは言ってくれた方が自分のためになるから、よい友達だと思います。
T では、お礼だけ書いて伝えないというのはどうかな。
C 正子さんが気を遣うのでそっとしておくのも思いやりがあるからよい友達だと思います。
T どちらにしても、相手のことを考えているというのが大切ですね。次に、信頼しているひろ子さんから伝えられた、正子さんの気持ちを考えましょう。

評価のポイント

本時の指導の意図は、主人公の考えを問題として、友達の在り方を話し合うことである。児童がひろ子と正子の考えや思いを自分事として考え、自分なりの意見をもって、話合いに参加している状況を発言から把握する。

絵葉書と切手

| 主 題 | 内容項目 | 主として人との関わりに関すること |

分かってあげたい、相手の思い　B 相互理解・寛容

第4学年
すれちがい

学図⑤　光村⑤
日文⑤　学研⑤
廣　あ
※⑤：第5学年掲載

出典　文部省「小学校　道徳の指導資料とその利用2」

1　ねらい

　自分の考えや意見を伝えるとともに、相手の気持ちを考え、相手のことを理解し、自分とは異なる考えや意見に対しても大切にしていこうという態度を育てる。

2　主題設定の理由（指導観）

●ねらいとする道徳的価値（価値観）

　人の考え方は多様であるからこそ、豊かな社会をつくることができる。しかし、人間は異なる考えや他人の失敗を受け入れられない弱さをもっている。自分の考えを大切にしながらも、相手の思いを理解し、異なる考えや意見を尊重させていきたい。

●児童の実態（児童観）

　仲間意識がだんだん芽生えているが、自分の考えと異なる場合には、とまどってしまうこともある。自分の考えを伝えながらも相手の思いを考え、お互いの考えや意見を大切にすることがよりよい人間関係が築いていくことを考えさせたい。

3　教材について（教材観）

●教材の概要

　よし子とえり子の思いが分けて書かれている。2人は、公園で待ち合わせをし、少し遊んでからピアノ教室に一緒に行く約束をしていた。しかし、はっきりした時間を決めることなく、後で電話で連絡をとることになっていた。お互い電話をしたものの、えり子は用事が長引き、よし子は待ちきれずに勝手に時間を設定し、待ち合わせ場所で待っていたため、互いの思いがすれちがい、仲違いしてしまう。

●教材活用の視点

　「一緒にピアノに行きたい。」という気持ちはお互いがもっていたにも関わらず、自分の考えだけで勝手に判断して行動したために心がすれ違ってしまったところに着目させたい。そこを考えさせ、話し合わせることで、自分の考えや思いを大切にしながらも、相手の思いや考えを理解していこうとする態度を育てていきたい。

4　指導のポイント

　よし子とえり子の両方の立場で役割演技をさせることで、互いの考えや思いに立って考えを深めていけるようにする。

学習指導過程

	学習活動（主な発問と予想される反応）	指導上の留意点
導入	1　自分の思いが伝わらなかったことを想起して話し合う ○相手に自分の思いを分かってもらえなかったことはありますか。そのとき、どんな気持ちになりましたか。 ・分かってくれないという思いでイライラする。 ・すっきりしない。 ・どうしたら分かってもらえるのかなと悲しくなる。	・ねらいとする道徳的価値について、児童一人一人に問題意識をもたせるために自分自身を振り返らせる。
展開	2　『すれちがい』をもとに話し合う ○えり子さんが「ごめんね。あの……。」と言ってよし子に話しかけても横を向いてしまった時の２人の思いについて考えましょう。（役割演技をして考える） よし子 ・自分から約束をしておいてひどい。 ・ずっと待っていたのに。 えり子 ・勝手に時間を決めるのはおかしい。 ・謝っているのに話も聞いてくれないのはひどい。 ○思いがすれちがってしまった２人はどんな思いでいるでしょうか。 ・もう仲良くしたくない。 ・一緒に行く約束はもうしない。 ・すっきりしない。このままの状態でいるのは嫌。 ○２人はどんな思いが必要だったと考えたのでしょうか。 ・自分の思いばかりを中心に考えないこと ・相手の立場になって考えること ・お互いのことを理解しようとすること 3　自己の振り返り ○相手の思いを分かってあげることが大切だと思ったことはありますか。 ・けんかをしてしまったときに相手の思いが分かると納得して謝ることができた。	・最初に、よし子の部分だけを読み、気持ちをじっくり考えさせるために、１分間時間をとってからえり子の部分を読む。 ・互いに「ピアノ教室に行こう」という思いで一致していたこと、電話をお互いしているがそこですれ違ってしまったことをおさえてから発問に入る。 ・両方の立場に立って役割演技をすることで、双方の考えや思いについて考えを深められるようにする。役割は交替する。 ・思いがすれちがいスッキリしない気持ちだけでなく、仲直りしたい気持ちがないのか、多面的に考えられるようにする。 ・「ちゃんと電話で確認すればいい」など方法論にならないように、「どんな思い」が必要だったのかということに着目させて考えさせる。 ・ワークシートに書かせる。
終末	4　教師の説話を聞く	・教師が相手の思いを分かってあげればよかったと思った体験を話す。

主として人との関わりに関すること

すれちがい

板書計画
行為のすれ違いを視覚的に分かりやすくする板書

「お互い一緒にピアノに行きたい」という思いでいたにも関わらず、お互いに自分の思いを優先するばかりにすれちがってしまったことが分かるようにする。

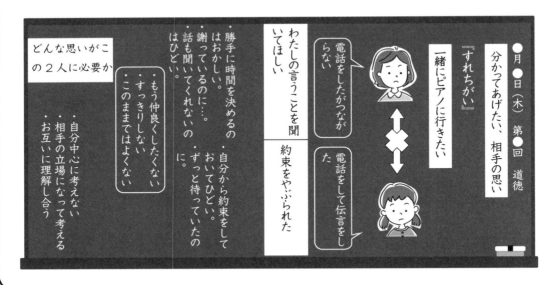

授業の実際

1 導入から展開へ

（導入）
※ねらいとする道徳的価値に対して、児童一人一人が問題意識をもつことができるように、導入では、道徳的価値への導入を行う。
T　相手に自分の思いを分かってもらえなかったことはありますか。
C　うーん。
※児童にしっかり考える時間を与える。手を挙げさせない。
T　そのとき、どんな気持ちになりましたか。
C　イライラする。
T　そこを詳しく教えてください。
C　自分のことを分かってくれていないのに勝手にどんどん進められるから。
※そのときの気持ちだけでなく、そのような気持ちになったときの思いを聞く。

（展開）
※役割演技をし、よし子とえり子の互いの考えや思いに立って考えを深めさせた後に発問する。
T　思いがすれちがってしまった2人はどんな思いでいるでしょうか。
C　もう友達でいたくない。
C　なんかすっきりしない。
T　一緒にピアノに行きたいと思うほどの2人です。このような思いだけかな？
C　また仲よくしたいという気持ちも少しはある。
C　友達なんだから分かってほしかった。
※多面的に考えられるように問い返す。
T　どんな思いがこの2人に必要だったのでしょうか。
C　ちゃんと話を聞いてあげる。
C　相手のことを分かってあげる。
※「きちんと時間を伝える」などの方法論にならないようにする。

問題解決的な学習のポイント

登場人物の心のすれちがいに着目させ、道徳的価値の理解を促す。

STEP ①
導入では、主題名に絡めて、自分の体験を想起させることで、児童一人一人に、この時間のねらいとする道徳的価値について問題意識をもたせる。

STEP ②
役割演技をして、よし子とえり子のお互いの立場になって意見を言うことで、相互理解についての考えを深める。

STEP ③
本教材では、行為のすれちがいと心のすれちがいの両方があるため、方法論での解決にならないようにする。板書を生かしながら、心のすれちがいに着目させて考えさせる。

2 問題解決から個々のまとめ

※自己の振り返りに入る前に、主題名に絡めて、教材「すれちがい」を通して考えたことを一人一人に振り返らせる。

T このすれちがいのお話から、相手の気持ちを理解するということについてどのように考えましたか。

C （黙って考える）

※１分間ぐらいじっくり考えさせる。特に発表はさせない。

T 自分の生活に振り返って考えてみよう。

T 授業の始めには、相手に自分の思いが分かってもらえなかったことを考えてもらいました。今度は、今までに相手の思いを分かってあげることが大切だと思ったことはありますか。

※導入で考えた自分の問題意識を振り返させせてから、自己の振り返りをワークシートに書かせる。

C けんかしたときに、相手の気持ちが分かって謝ることができた。

C 班で話し合っていたときに意見がちがって雰囲気が悪くなったけれど、話し合っていく中でよい案になった。

評価のポイント

お互いに理解し合っていくためには、相手の思いや考えをしっかり考えていこうとする態度が大切なことを考えたかを評価したい。方法論を発言している児童は、教材の内容について解決しているだけであって自分の問題意識に正対しているとは言えない。心のすれちがいに自我関与しながら考えているかを評価したい。

すれちがい

| 主題 | 内容項目 | 主として集団や社会との関わりに関すること |

社会のきまりは何のために　C 規則の尊重

第4学年
雨のバスていりゅう所で

東書　学図
教出　光村
日文　光文
学研　廣あ

出典　文部省「小学校道徳の指導資料とその利用2」
　　　　文部科学省「わたしたちの道徳　小学校3・4年生」

1　ねらい

集団や社会の一員として社会のきまりの意義を理解し、それを守ろうとする態度を育てる。

2　主題設定の理由（指導観）

●ねらいとする道徳的価値（価値観）

集団や社会を構成する一員として規範を身に付けることが大切であり、約束やきまりの意義を理解し、進んで守ることができるようになることが必要となる。一人一人が相手や周りの人の立場にたち、よりよい人間関係を築くとともに、集団向上のために守るべき約束やきまりについて考え、進んで守ろうとする心情を育てたい。

●児童の実態（児童観）

自分たちで決めたきまりや約束事は積極的に守ろうとする時期である。しかし、公共の場では分かってはいるものの、結果として周囲の人へ不快な感情や迷惑をかけてしまうこともある。社会のきまりの意義やよさについて考えることで、それらを守っていくことが集団の向上につながることを考えられるようにしたい。

3　教材について（教材観）

●教材の概要

雨の日、母親とよし子はバス停近くの店の軒下で他の客といっしょにバスを待っていたが、バスが見えたのでよし子は順番を無視して先にバス停に並んでしまう。それを見た母親がよし子を引き戻し並んで乗車したが、車内でも母親はずっと怖い顔でいる。母親の毅然とした態度を見て自分の行為を反省し、規則の大切さに気付く。バスを待つ人々、列に割り込もうとしたよし子と連れ戻した母親、乗車後のよし子と母親の様子の3場面から構成されている。

●教材活用の視点

「車内で怖い顔をしている母親は、よし子に何を考えてほしかったのか」を考えることを学習の中心とすることで、社会の一員としてのきまりやその意義を理解できるようにする。

4　指導のポイント

「社会のきまりはどのようなものがあるか」「守れているだろうか」を導入での発問とし、分かってはいるものの守れていない実態やその理由に気付けるよう、展開後段では、「何のためにあるのか」を考え、問題解決的な学習とする。

学習指導過程

	学習活動（主な発問と予想される反応）	指導上の留意点
導入	1　問題意識をもつ 　社会のきまりはどのようなものがあるだろうか。守れているだろうか。 ・信号を守る。 ・道にゴミをすてない。 ・図書館の本を大切に読む。	・「守れているか」と問題提示することで、自己の生活を振り返ってから学習に入れるようにする。 ・ねらいを明確にするために、主題を提示する。
展開	社会のきまりは何のためにあるのだろう。 2　『雨のバスていりゅう所で』を読んで話し合う ○バスが見えたとき、よし子はどんな気持ちからかけて行ったのでしょう。 ・やっと来た。おそいな。 ・早くバスに乗らないとぬれてしまう。 ・席にすわりたい。 ◎車内で怖い顔をしている母親は、よし子に何を考えてほしかったのでしょう。 ・後から来たのに先に行くことはずるい。 ・ルールを守ってほしい。 ・ならんでいる人の気持ちを分かってほしい。 3　自己の生き方について考えを深める ○社会のきまりは何のためにあるのでしょう。今までの自分を振り返って考えよう。 ・みんなの安全のため。 ・みんなが公平に生活できるように。 ・きまりがないとそれぞれの人が自分勝手になってしまい困るから。	・雨に濡れたくない思いから、順番を守らず早くバスに乗車したいというよし子の自分勝手な思いを捉えさせることで、中心発問へつながるようにする。 ・母に自我関与して、よし子の行為に対する思いを問うことで、ルールを守ることの大切さについて考えられるようにする。 ・社会で生活する上では、皆が気持ちよく生活するためにルールがあることを考えられるようにする。（価値理解） ・自己の生き方を見つめ、社会のルールがある意義について考えられるようにする。（自己理解・価値理解）
終末	4　教師の説話を聞く	・教師が、社会のきまりがあることで安全に生活できた経験を話す。

雨のバスていりゅう所で

板書計画

登場人物の心情を構造的に示す板書

母親とよし子の気持ちを対比して板書し、「規則の尊重」について多面的・多画的に考えられるように促す構成。

授業の実際

1　中心的な発問での話合い

> 車内で怖い顔をしている母親は、よし子に何を考えてほしかったのでしょう。

C　順番ぬかしはいけないよ、ってことです。
C　並んでいる人の気持ちを考えて順番ぬかしをしてほしくなかった。
T　並んでいる人の気持ちってどんなことですか？詳しく教えてくれるかな。
C　並んだ順にバスに乗ること。順番を抜かされたら自分も嫌でしょう。だから他の人にもしてはいけないということです。
C　雨でよし子も嫌だけれど、みんなも嫌だな、早くバスが来ないかな、と思っていることです。
C　並ぶのはルールだから、きちんと遊んでほしかった。
T　ルールって言ったよね。ルールってどこかに書いてあるのかな。
C　書いてはいません。書いていないけどきまりはきまりです。
T　守らなくちゃいけないの？
C　守らなくちゃいけないです。
C　守らなくちゃずるになってしまう。
C　みんなできめたことだから、守らないといけません。
T　みんなできめたことですか？
C　みんなできめたというわけではないけど、みんながそう思っているってことです。
C　自分も早く着いたら早くバスに乗りたいし、だからみんなも守らなければならないルール。
T　そういうルールって他にもありますか？
C　あります。ルっていうか、きまりっていうか。

問題解決的な学習のポイント

児童の実態からねらいを設定し、ねらいに即した授業展開を構想する。

児童が「きまりの意義」について考えられるようにしたいと考え、本教材を活用する。特に、母の思いと問うことで、児童になかなか気付けないきまりの意義を深く考えられるようにする。

「社会のきまりは何のために」を主題とし、学習の方向性を明確にする。その際、児童の経験を想起させるために、児童の身近にある「社会のきまり」を確認した後に、「きまりを守れているだろうか」問題として、自分事として捉えられるようにする。

本教材での気付きをもとに、「社会のきまりは何のためにあるのだろう」と児童が問題に対し自己を見つめ、自分の考えを再構築できるようにする。きまりが、自分達を束縛するものではなく、皆が公平に安心して暮らせる社会づくりのためにあるのであることに気付かせたい。

2 問題解決から個々のまとめ

T きまりは何のためにあるのでしょうか。今までの自分を振り返って考えてみましょう。（書く活動）

＜児童の記述から＞

C わたしは、社会のきまりというと交通ルールを守るとか、図書館では静かにするとかは分かっていたけれど、改めて何のためにあるのかな、と考えるよい勉強になりました。
　自分だけで生活していないからこそ、社会のルールがあることで、みんなが気持ちよく生活できたり、安全に過ごせたりするのだと思いました。

C お母さんがよし子に伝えたかったことを考えるところが、一番心に残りました。わたしは、お母さんはよし子に「順番ぬかしをしてはいけないよ」言いたかったのだと思ったけれど、友達が「ならんでいる人の気もちを考えなさい」などの意見を言っていたのを聞いて、「自分以外の周りの人のことを考える子になってほしいと思ったのかな。」と思いました。社会のきまりがあるのは、そういうことかも知れないと分かった気がしました。

――――― 評価のポイント ―――――

・母の思いを考えることを通して、児童がよし子に自己関与し、順番を抜かしてしまった行動を反省しようとする気持ちを考えたか。

・きまりの意義について、自己を見つめ、自分なりに考えをもったか。

雨のバスていりゅう所で

主題	内容項目	主として集団や社会との関わりに関すること
誰であっても 公平に	C 公正、公平、社会正義	

第4学年　　　　　　　　　　　　　　　　　　　　　その他

もしもし、女王さま

出典　文部省「小学校　道徳の指導資料第3集第3学年」

1　ねらい

誰に対しても分け隔てをせずに、公正、公平な態度で接しようとする態度を育てる。

2　主題設定の理由（指導観）

●ねらいとする道徳的価値（価値観）

社会正義のためには、集団や社会において誰に対しても公正、公平にしていく態度が必要である。しかし、理解していても、人間は自分の仲間や家族を優先してしまうことも少なくない。私心に打ち克ち、公正、公平にしていくことでよりよい集団（社会）になっていくことを考えさせたい。

●児童の実態（児童観）

誰に対しても分け隔てなく接することの大切さは理解している。しかし、自分の仲間を大切にしたい、嫌われたくないという思いから仲間を優先して不公平な態度をとることもある。不公平なことが周囲に与える影響を考えながら、誰にでも公正、公平にすることの大切さを考えさせたい。

3　教材について（教材観）

●教材の概要

女王の息子である2人の王子が友達と盗みを働いてしまった話である。女王は、警察の署長から息子である王子2人が友達と果物屋からブドウを盗んで警察署にいることを告げられる。署長は、王子が将来国王になる身であることから友達と同じように処罰をしていいか迷って電話をかけてきた。女王は、息子の行為についてショックは受けたものの、2人の王子も友達と同じように分け隔てなく処罰するように告げる話である。

●教材活用の視点

女王にとって大切な息子であり、将来国王になる王子であっても、女王が友達と同じように処罰を受けさせるところに着目して考えさせていきたい。私心にとらわれずに誰に対しても公正、公平にすることは難しいことではあるが、人間の弱さに打ち克ち、よりよい集団（社会）を築くために誰に対しても分け隔てなく接することの大切さを考えさせていきたい。

4　指導のポイント

署長の言葉を聞いて、女王が公正、公平にする難しさと、公正、公平にしなければいけないという気持ちで揺れる思いを役割演技することで、児童に考えを深めさせるようにする。

学習指導過程

	学習活動（主な発問と予想される反応）	指導上の留意点
導入	1　公平にすることの難しさについて発表し合う ○なかなか公平にできないことはありませんか。それは、なぜですか？ ・サッカーのチームを決めるとき。友達を入れたいから。 ・兄弟で何かを分けるとき。自分の分を多くしたいから。	・ねらいとする道徳的価値について、児童一人一人に問題意識をもたせるために自分自身を振り返らせる。
展開	2　『もしもし、女王様』をもとに話し合う ○息子である王子２人がブドウを盗んでしまったことを聞いたとき、女王さまはどんな思いだったでしょうか。 ・本当に…。うそであってほしい。 ・どうしよう。王子なのにこんなことがみんなに知られたら大変。 ○署長さんに、「王子が将来は国王になるお方だから女王さまに相談した」と言われて、女王様は、どんなことを考えたでしょう。 　王子だからと言って特別扱いはできない ・王子も友達も同じなのだから、王子だからといって特別に扱うのはおかしい。 ・特別扱いをしたら、女王の信用を失ってしまう。 　どうにか王子を処罰されないようにできないか ・今回が初めてだから、見逃してほしい。 ・このことがばれたら、王子は、将来国王になれない。 ○署長さんに王子を警察に留め置くように言った女王様は、どんな思いだったでしょうか。「たとえ、女王のこどもでも…。」の後に続けて発表しましょう。 ・公平にしないと国民から信用を失ってしまう。 ・公平にしなければならない。王子も友達も同じ人間なのだから。 3　自己のふり返り ○相手が誰であっても分け隔てなく公平にできたときはありますか。そのとき、どんな気持ちでしたか。 ・リーダーを決めるときに、仲の良い友達が立候補していたけれど、公平に判断して決めてスッキリした。	・教材を読む前に、女王とは国の中でどういう立場なのかおさえる。 ・母としての気持ちと、息子が将来国王になるという立場であることを気にしている気持ちの両方を考えさせることで、公正、公平にしようとすることの難しさを考えさせる。 ・発問をしたときの児童の意見に対して、「違う意見はないか」と問い返す。児童から様々な立場の意見を出させる。 ・女王の迷いを考えさせるために役割演技を行う。必ず役割交代をする。 ・女王に自我関与してその違いを考えさせる。 ・女王が迷いをふっきり、どんな立場の人間であっても公正、公平にすべきだと決断したことを考えさせる。 ・発問の前にひいきしてしまったり、差別してしまったりする事例を挙げてから考えさせる。 ・ワークシートに書かせる。
終末	4　教師の説話を聞く	・教師が相手の公平にできなかった失敗談を話す。

主として集団や社会との関わりに関すること

もしもし、女王さま

板書計画

登場人物の複雑な心境を見えやすくする板書構成

女王が、「女王の立場」や「将来国王になる王子の立場」を考え、公平にしなければならないということを理解していても迷ってしまう思いを視覚的にも分かりやすいように板書する。

授業の実際

1 導入から展開へ

（導入）
※ねらいとする道徳的価値に対して、児童一人一人が問題意識をもつことができるように、導入では、道徳的価値への導入を行う。
T なかなか公平にできないことはありませんか。
C サッカーでチームを決めるとき。
T それは、なぜですか？
C 強い子を入れたいし、仲のよい友達を入れたいから。
※児童にどうして公平にできなかったかの理由も問う。

（展開）
T 息子である王子2人がブドウを盗んでしまったことを聞いたとき、女王さまはどんな思いだったでしょうか。
C 本当に…。うそであってほしい。
C どうしよう。王子なのにこんなことがみんなに知られたら大変。
※母としての気持ちだけでなく、王子が女王の子供という立場的なことも考えていることに着目させる。
T 署長さんに、「王子が将来は国王になるお方だから女王さまに相談した」と言われて、女王様は、どんなことを考えたでしょう。
C 王子だからと言って特別扱いはできない
T この意見とは他の考えの人はいますか。
※児童から出た言葉で女王の葛藤を役割演技をして考えさせる。
※役割演技をし、双方の思いについて板書した後に、人間理解を深めるために女王の思いはどちらが強かったかを考えさせる。中心発問では、迷いをふっきりどんな立場の人間であっても公正、公平にすべきだと決断したことを考えさせる。

役割演技を活用した学習のポイント

児童一人一人が「公平」について自分事として考えられるような授業展開を構想する。

導入では、主題名に絡めて、自分の体験を想起させることで、児童一人一人に、この時間のねらいとする道徳的価値について問題意識をもたせる。

⬇

役割演技をして、女王さまの葛藤を考えさせる。公平にしなければならないということが分かっていてもなかなか決断できない人間の弱さにも着目させる。

⬇

主題名とつながる女王の言葉に続けて、決断した女王の言葉を考えさせることで、自己の振り返りのときに、誰であっても公平にする大切さについて考えられるようにする。

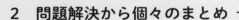

2　問題解決から個々のまとめ

※自己の振り返りに入る前に、主題名である「誰であっても公平にすること」についてどう考えたか、一人一人に振り返らせる。

T　「誰であっても公平にすること」ということについてどのように考えましたか。

C　（黙って考える）

※2分間ぐらいじっくり考えさせる。特に発表はさせない。

T　自分の生活に振り返って考えてみましょう。

T　相手が誰であっても分け隔てなく公平にできたことはありますか。

（時間を少し取り考えさせてから）

T　そのとき、どんな気持ちでしたか。
　　考えついた児童から手を挙げさせてワークシートを配る。なかなか思いつかない児童には、その児童が公平にできた場面について助言をする。

C　リーダーを決めるときに、仲のよい友達が立候補していたけれど、公平に判断して決めてすっきりした。

C　入れる人数が決まっていたときに、自分の友達を優先に入れようとしたけれど、先に来た子を入れて、友達に悪いと思ったけれど、それでよかったといい気持ちになった。

……… 評価のポイント ………

誰に対しても公平にすることはなかなかできない。女王という立場であり、将来国王になる王子が警察で処罰を受けるとなればなおさらである。人間の弱さにも着目し、なかなか分かっていてもできないことだが公平にしていきたいと考えているかどうかを把握したい。役割演技や発言、振り返りで総合的に評価する。

もしもし、女王さま

主 題	内容項目	主として集団や社会との関わりに関すること
働くことのよさ	C 勤労、公共の精神	

第4学年

神戸のふっこうは、ぼくらの手で

光村 学研

出典 文部省「社会のルールを大切にする心を育てる」

1 ねらい

働くことのよさや大切さを知り、人のために進んで働こうとする態度を育てる。

2 主題設定の理由（指導観）

●ねらいとする道徳的価値（価値観）

個人や社会全体の向上を目指すためには、働くことや社会に奉仕することの意義を一人一人が理解した上で、自分の仕事に誇りと喜びを見いだし、生きがいをもって仕事を行えるようにすることが大切である。働くことのよさや大切さを感得できるように指導したい。

●児童の実態（児童観）

自分に任された仕事や、自分でやると決めた仕事について、進んで行うことができる児童が多い。一方で、働くことを負担に感じたり、人任せにしてしまったりする様子も見られる。自分の仕事にはどのような意義があり、働くことにどのようなよさがあるのか考えさせたい。

3 教材について（教材観）

●教材の概要

阪神・淡路大震災が起き、避難所となった小学校。避難生活の中、大便の始末をする先生や、牛乳びんを温めて配っている女の子など、人のために懸命に働く姿を見た「ぼく」は、何もしないでいる自分を、申し訳なく思うようになる。そんなときに出会った小さな子どもを、絵本で笑顔にしてあげられたことがきっかけとなり、ぼくは「小さい子のために、何かできることをしようよ。」と、周りの人に呼びかけるようになる。

●教材活用の視点

人のために働こうとする態度を支えている考え方、感じ方を問題として、学級全体で追究していく。人のために働くことにどのようなよさがあるのかを考えさせるため、児童を「ぼく」に自我関与させて、みんなでできることを話し合うぼくの思いを考えられるようにしたい。

4 指導のポイント

人のために進んで働こうとする態度を支えている多様な考え方、感じ方を問題として、問題解決的な学習を展開する。そこで、事前アンケートの結果や児童の実態をもとに導入段階で児童一人一人の「働くこと」に対する思いを想起させる。また、教材を活用して、働くことのよさを多角的に考えられるようにする。

学習指導過程

	学習活動（主な発問と予想される反応）	指導上の留意点
導入	1 「働くこと」についてのアンケート結果を知り、本時の問題を確認する ○あなたは、人のために進んで働くことができているか。 ・進んで働いている。 ・気がすすまないこともあるが、働いている。 ・あまり働くことができていない。	・本時の主題に関わる問題意識をもたせるために、事前アンケートの結果を知らせる。 ・働くことを面倒に思う気持ちや、他の人に任せてしまいたいという気持ちを取り上げ、本時の学習問題を設定する。
	どのような思いや考えが、人のために働くことにつながっていくのだろう。	
展開	2 『神戸のふっこうは、ぼくらの手で』をもとに、問題解決を図る ○便所の後始末を黙々としている先生の姿を見て、「ぼく」はどのようなことを思ったか。 ・先生はすごいな。ぼくならできないよ。 ・先生は、こんな仕事を嫌だと思っていないのかな。 ・汚いけれど、みんなのためにしているんだ。 ○泣いている子どものために必死で絵本を探し回っているときの「ぼく」は、どのような気持ちだったか。 ・この子を何とか喜ばせてあげたい。 ・ぼくにもできることがあるんだ。 ◎みんなでできることを話し合っているときの「ぼく」は、どのような思いだったのか。 ・ぼくでも役に立てることがある。 ・人の役に立つのは、嬉しいことなんだ。 ・みんなで協力すれば、もっと大きなことができるぞ。 3 人のために働くことができたときの考えや思いを振り返る ○人のために働くことができたとき、どのような思いをもったか。	・人のために働くことのよさを強化するために、自分ではやりたくない仕事に出合ったときに生まれる思いを考えさせる。 ・働くことの意義を考えることができるようにするために、人のために必死に働こうとする思いの背景にあるものを、自分との関わりで考えさせる。 ・人のために働こうとする思いの背景にあるものを、自分との関わりで考えさせる。 ・児童一人一人が、自己の生き方について考えを深めることができるようにするために、ワークシートに記入させる。
終末	4 教師の説話を聞く	・働くことのよさを感じた教師の経験談を話す。

主として集団や社会との関わりに関すること

神戸のふっこうは、ぼくらの手で

板書計画

道徳的価値の実現の背景を追究する板書構成

「勤労、公共の精神」に関わる問題を明示し、自分との関わりで考える学習を促す。「働くこと」を支える思いを多角的に捉えられるように、児童の発言を分類・整理する。

授業の実際

1 問題設定の実際

T 「人のために進んで働くことができていますか」というアンケートを取りました。その結果を発表します。
(結果を提示する)

T アンケートの結果を見て、思ったことはありますか。

C 私は、自分がやらなくてはいけない仕事がきちんとできています。

C 自分の仕事がしっかりできると、うれしいです。

T 進んでできているという人が多かったですね。あまりできていないという人にも聞いてみましょう。

C 人のために働くことが大切だというのは分かるけど…。

C 他にやりたいことがあったり、面倒だったりすると、やめてしまうことがあります。

T なるほど。大切さは分かっていても、進んで働くことができないことがありますね。では、どのような思いや考えが、人のために進んで働くことにつながるのか、今日は考えてみましょう。
(問題を板書し、確認する)

> どのような思いや考えが、人のために働くことにつながっていくのだろう。

T それでは、今日は『神戸のふっこうは、ぼくらの手で』という話をもとにして、この問題を考えていきます。阪神・淡路大震災という、大きな地震が起こったとき、避難所で生活していた「ぼく」が、主人公のお話です。
(教材提示)

160　第4学年　考え、議論する道徳科授業の新展開

問題解決的な学習のポイント

事前アンケートや児童の実態を基にした問題を設定する。

児童の実態から、人のために進んで働くことのよさを考えさせたいと思い、「勤労、公共の精神」を支える考えや思いを問題にする。

事前アンケートの結果を提示し、その結果に対する児童の思いを発言させることで、問題を自分事として捉えられるようにする。

どのような思いや考えが、人のために働くことにつながっていくのかという問題に対して、「自分のよさを生かしたい」「人の役に立ちたい」「協力して働きたい」という背景を導き、これらをもとに一人一人が自分自身の考えや思いを振り返る。

2　問題解決から個々のまとめ

T　泣いている女の子の助けになることができたぼくは、体育館に集まっている子どもたちと話し合いましたね。では、みんなでできることを話し合っているときの「ぼく」は、どのような思いだったのでしょうか。

C　ぼくでもできることや、人のために役に立てることがあると思った。

C　人の役に立つのは、うれしいことなんだと思った。

C　みんなで協力すれば、もっと大きなことができるんじゃないかと思った。

T　なるほどね。人のために働こうとするときの、様々な考えや思いが出てきましたね。（分類・整理して板書する）
「ぼくでも人の役に立てることがある」、「人の役に立つことはうれしい」、「みんなで協力しよう」などの考えが出ましたね。

T　では、みなさんはどのような思いをもって、人のために働いていますか。自分の経験を振り返ってみましょう。ワークシートに記入します。

──────── 評価のポイント ────────

　本時の指導の意図は、児童が自分たちの実態や経験をもとにして、人のために働くことができたときに生まれる思いについて考えることである。

　児童が、人のために進んで働こうとする態度の背景となる考えや思いを自分事として考えている学習状況を、発言やワークシートの記述などから把握する。

主として集団や社会との関わりに関すること

神戸のふっこうは、ぼくらの手で

主題	内容項目	主として集団や社会との関わりに関すること
家族が協力し合って	C 家族愛、家庭生活の充実	

第4学年

小さなお父さん

その他

出典　文部省「小学校道徳の指導資料とその利用3」

1　ねらい

父母、祖父母を敬愛し、家族みんなで協力して楽しい家庭をつくろうとする態度を育てる。

2　主題設定の理由（指導観）

●ねらいとする道徳的価値（価値観）

家庭で養われる道徳性は、集団や社会との関わりの基盤となる。自分の行動が家族の役に立つうれしさに気付くことで、家族のために、みんなで協力して楽しい家庭をつくろうとする態度を育てていきたい。

●児童の実態（児童観）

国語の詩「ぼくんち」では、家族への敬愛を深めるために、家族を紹介し詩にする学習をした。温かい詩が書けたが、家族の一員として役割を担うことについて、じっくりと考えさせる指導が必要である。

3　教材について（教材観）

●教材の概要

母が急きょ、つとむと妹ののり子を残して泊まりがけで田舎の祖母の見舞いに出かけた。父は仕事でしばらく留守をしている。つとむは初めての留守番で心細いが、のり子の世話をあれこれと行った。心配した母からの電話に、つとむは「大丈夫、小さなお父さんにまかせて。」と返事をする。

●教材活用の視点

敬愛する家族のために、みんなで協力し合って楽しい家庭をつくることについて考えさせるために、約束していた野球を断って急いで家に帰ると決めたつとむの考えを中心に話し合わせる。また、楽しい家庭を作ろうとする態度を育てるためには、自分の行動が具体的に家族の役に立っているうれしさを実感させることが大切である。自他共に認める「小さなお父さん」という言葉に歌を歌いたくなる気持ちについて考えさせさらに価値理解を深めさせたい。

4　指導のポイント

「登場人物への自我関与」が指導のポイントである。それぞれの考えを述べただけの授業とならないよう、事前に児童の考えを十分に予想し、児童の考えを生かしながら、ねらいに向かって深まる話合いになるよう計画を立てておく。（1人の考えを全体に投げかけみんなに考えさせる。問い返す。補助発問を投げかける等）。また、聞く指導を徹底する。友達の考えを聞くなかで、自分の考え方や感じ方を深める学習にする。

学習指導過程

	学習活動（主な発問と予想される反応）	指導上の留意点
導入	1　家族のためにしている仕事を思い起こす ○家族のためにしている仕事はあるか。やりたくないと感じたことはあるか。 ・お風呂掃除　・食後の片付け　・玄関の靴そろえ	・ねらいとする道徳的価値について自分との関わりで考えられるようにするために、実際の行動やその気持ちを思い起こす。
展開	2　『小さなお父さん』を読んで話し合う ○初めて夜の留守番をすると分かったとき、つとむはどんな気持ちだったか。 ・自分にできるかな。不安だ。 ・妹のためにしっかりしなくてはいけない。 ◎大好きな野球の約束を断ると決めるまで、つとむはどんなことを考えたか。 ・本当は野球がやりたい。約束もしていたから断るのはいやだ。つらい。（協力への不満がある） ・もし何かあったら、親に怒られる。（行動決定の要因が他からの賞罰にある） ・今、家庭を守るのは自分しかいないから、野球をやっている場合ではない。（行動決定の要因が自分の役割への自覚にある） ・大切な妹や母を安心させたい。（行動決定の要因が自分の家族への愛情にある） ○電話を切って、歌を歌いたくなったのはどんな気持ちからか。 ・役に立ててうれしい。 ・がんばりを認めてもらえたことがうれしい。 ・自信がついた。次も役に立てる。 3　自分の生活を振り返る ○家族のために協力し、喜びを感じたことはあるか。 ・母がご飯を作っているときは、弟の面倒を見ている。 ・「助かった」と言われるとうれしい。	・家族のために役割を果たすことは簡単なことではないという人間理解を深めるために、初めての役割を与えられたときの気持ちを話し合う。 ・価値理解を深めるために、家族のために協力しようと決めるまでの考えを多面的・多角的に話し合わせる。 ・家庭との関わりのよさについて考え方、感じ方を深めるために家族のために協力したときの気持ちを話し合う。 ・話し合ったことをもとに自己をじっくりと見つめさせるために、ワークシートを用意する。自分の行動が家族の役に立ったときの気持ちも振り返らせる。 ・自己の生き方についての考えを深めさせるために書いたことを互いに聞き合い、場面・対象を広げさせる。
終末	4　教師の説話を聞く	・教師自身が子どもの頃、家族に協力し喜びを感じた経験談を話す。

主として集団や社会との関わりに関すること

小さなお父さん

板書計画

自我関与を基に、多面的・多角的に考える板書構成

　自分の体験に基づくであろう、実感を伴った考えを出し合い、道徳的価値の実現に向けた思いを多面的、多角的に考えさせる。

授業の実際

1　自我関与して話し合う

T　つとむ君は、友達と野球の約束をしていたのですね。それでも家に帰りました。「帰る」と決めるまで色々なことを考えたと思います。どんなことを考えたのでしょうか。
C　迷ったと思います。
T　どのようにですか。
C　野球もしたいし、家にも帰らなくてはいけないからです。
C　私も、すごく我慢したと思います。
C　ぼくは、我慢もしたけど、やっぱり家が心配だったから帰ろうと決めたのだと思います。
T　家が心配なのですね。
C　妹は小さいから1人では心配で、心配しながら野球をしていても楽しくないと考えたと思います。
C　妹を1人にしておくと心配だし、後でお母さんが知ったら怒られるし。
C　怒られるのもそうなのですが、お母さんを安心させたいという気持ちだと思います。
C　せっかくここまで頑張ったのに、野球をしたら台無しになる。
T　なるほど。なんだか先生も分かりますね。お手柄が台無し。怒られる…。さっき、妹が心配やお母さんを安心させたいという考えがありましたが、そこを考えている人はいますか。
C　先生に小さなお父さんと言われて、本当に自分はお父さんだと思って、野球よりも妹の方が大事と考えたと思う。
C　おばあちゃんが大変だから、今は遊びよりも家族がみんなで頑張るときと思ったと思います。
T　家族がみんなで頑張るのですね。なるほど。

自我関与を中心とした学習のポイント

登場人物の「読み取り」「心情の理解」から「自我関与」へ。

✕ 読み取り道徳・心情を理解させる道徳	→	○ 自我関与

 野球をしたら後で怒られるな

 (そうじゃない。)他の考えはありますか。

 お手柄が台無しになる。

 (私が正解だと思うことを子どもが言わないな。)他にありますか。

 家族が大事だからです。

 そうです！そういうことなのです。

教師が読み取った「正解」を子どもから引き出そうとしています。

 泣きたい気持ちで、本当はいやだった。

 (この子らしい考え方だな。)なるほど。皆さんはこの気持ち分かりますか。

 野球をしたら後で怒られるな

 (実感を伴った考え方だな。)うなずいていますね。そういうこと、ありますか。

 野球より家族が大事だと考えていた。

 (ねらいに関わる考えだな。他の子がこれをどう考えるか全体に問い返してみよう。)

体験に裏打ちされた言葉を引き出し受け止め、それを生かして話し合おうとしています。

2　自己の生き方についての考えを深めさせる

T　皆さんは、つとむ君のように、家族に協力し、喜びを感じたことはありますか。
C　ある！あります！
T　では、このワークシートにどんな協力をしたのか、どんな気持ちだったかを書いてください。書くことが思いつかない人は前に集まってくださいね。
T　(集まってきた児童に)協力したことが思い浮かばないのですね。お手伝いをしたことはありますか。どんなお手伝いをして、どんな気持ちになったかだったら書けそうですか。(全員、自席に戻り書き始める。)
T　では、何人かに読んでもらいましょう。
C　引っ越しのとき、重い段ボールをたくさん運びました。お母さんの腰が痛かったので、頑張ったら「ありがとう」と言ってくれてうれしかった。
T　頑張りましたね。家族が笑顔になる引っ越しになりましたね。
C　おばあちゃんが庭の雑草取りをしていたから手伝いました。「早く終わった」と言ってくれてよかったなと思いました。
T　家族が協力すると早いのですね。自分から手伝ったところが素敵ですね。

───── 評価のポイント ─────

本時の指導の意図は、家族の役に立つうれしさに気付き、敬愛する家族のために、みんなで協力し合って楽しい家庭を作る大切さについて考えることである。友達の考えを真剣に聞きうなずく姿や、家族が協力することについて考える姿を把握する。生活を振り返って自分の行動に価値があったと気付く姿を認め励ましていきたい。

主として集団や社会との関わりに関すること

小さなお父さん

| 主　題 | 内容項目 | 主として集団や社会との関わりに関すること |

協力し合って楽しい学校、学級を　Ｃ よりよい学校生活、集団生活の充実

第４学年

光村　廣あ

みんな、待っているよ

出典　文部科学省「小学校道徳　読み物資料集」
　　　文部科学省「わたしたちの道徳　小学校３・４年」

1　ねらい

みんなで協力し合って、互いに思いやる楽しい学級をつくっていこうとする心情を育てる。

2　主題設定の理由（指導観）

●ねらいとする道徳的価値（価値観）

よりよい学校生活の実現には、集団の所属を高め、学校を愛する心を深めることが求められる。学級や学校のために自分ができることを考え、進んで関わることを通して、充実した学校生活をつくりあげていくよさを感じられるよう指導したい。

●児童の実態（児童観）

児童は、仲間意識の高まりとともに学級への所属感が高まっている。一方で、仲のよい友達との関わりが強く自分たちだけで楽しもうとするところもある。学校で自分を支えてくれる人々に気付かせ、充実した学校生活を送るよさを考えさせたい。

3　教材について（教材観）

●教材の概要

病気で入院することになったえみは、母から院内学級に通うよう勧められた。友達とはなればなれになることから迷っていたが、母の説得により通うことになった。しかし、通ってみると楽しいことがたくさんあった。手術前日、院内学級と３年３組の先生や友達から手紙をもらったことで、それぞれの学級の人々に対して感謝と敬愛の念を深め、所属感が高まっていることに気付き、自分もみんなと協力して楽しい学級をつくっていきたいという気持ちになっていった。

●教材活用の視点

通いたいと思っていなかった学級が、大切だと思える学級にどのように変わっていったかを考えさせるため、学級での所属感を感じさせたい。児童をえみに自我関与させて、学級や学校で、自分を支え励ましてくれている人がいると気付いたときの思いを考えられるようにする。

4　指導のポイント

よりよい学校生活をつくることに関心をもたせるためには、集団での所属感が高まっていく気持ちに目を向けさせる必要がある。そこで、展開で「通いたいと思っていない学級の中で、自分を支えてくれる存在に気付いたときの気持ち」や「待っている気持ちを手紙に託した級友の気持ち」を「みんな待っているよ」を通して、追究させる。

学習指導過程

	学習活動（主な発問と予想される反応）	指導上の留意点
導入	1　ねらいとする道徳的価値へ各自が問題意識を高めるために、以下の２点について想起し、話し合う ○楽しい学級をつくるとはどういうことだろう。 ・友達と思い出を作る。　・友達と楽しむ。 ○仲のいい人だけで楽しい学級をつくることができるだろうか。 ・できないと思う。	・仲のよい友達だけでは楽しい学級をつくることができないと分かっていても、仲のよい友達と集まってしまう自分に気付かせ、楽しい学級をつくるために何が大切なのかという問題意識をもたせるために、２つの発問をする。 ・この段階での考えをノートに記述。
	楽しい学級をつくっていくために大切なことは何だろう	
展開	2　『みんな、待っているよ』を読んで話し合う ○病気で入院して、院内学級を勧められたとき、どのような気持ちだったか。 ・嫌だな。・友達ができるかな。 ・３年３組の方がいいな。 ○「みんな友達だよ。」言われたとき、えみはどのような気持ちだったか。 ・院内学級でも楽しく過ごせそうだな ・友達になれるかな。 ○最初、院内学級に通うことを迷っていたにもかかわらず、早く院内学級に行くよと言ったとき、えみはどのような気持ちだったか。 ・私のことを思っていてくれた。 ・みんなに元気な姿を見せたい。 ・嫌だと思っていても友達になれた。よかった。 ○学級のみんなはどのような気持ちでこの手紙を書いたのか。 ・心配だよ。早く戻ってきて。 ・みんなでまたお話ししよう。 3　この教室のメンバーでよかったなと思ったときの考えや思いを振り返る ・運動会のときは、友達とか関係なくみんなで優勝を目指していたのがよかった。	・慣れた集団から離れ、新しい集団に入るときの気持ちを考えさせる。 ・新しい集団で、受け入れられたときの気持ちを考えさせる。 ・集団の中で自分は大切にされていたと感じ、所属感が高まったと思ったときの気持ちを自分事として考えさせる。 ・周りの人がどんな気持ちで待っていたかを立場を変えて、多面的に考えさせる。 ・これまでの自分の経験やそのときの感じ方、考え方と照らし合わせる。
終末	4　教師の説話を聞く	・学級のために自分ができることを考え、進んで関わっていた児童の紹介をする。

主として集団や社会との関わりに関すること

A
B
C
D

板書計画

多様な愛校心を視覚化し価値理解を促す板書構成

楽しい学級をつくるために慣れない環境から所属感が高まるまでの多様な気持ちを視覚化し、自分との関わりで考える学習を促すような板書を構想する。

授業の実際

1　展開の後段での児童の話合い

T　では、今度はみなさんがこの教室で「誰とでも協力して取り組もうとしていたか」「お互いのことを思って取り組んでいたか」を振り返ってみましょう。
（ノートに記述させる）

C　運動会のときは、友達とか関係なくみんなで優勝を目指していたのがよかったと思うよ。

C　確かに。あのときは、私も仲のいい友達と一緒とかあまり考えてなかった。

C　とにかく夢中だったからあまり考えていなかったけど、今日の勉強したこととつながっていたのかもしれないな。

T　肯定的な意見が続いているけど、正直なところどうだった？何か言いたい人いない？

C　ぼくは、○○君と同じグループでやりたかった。

C　それ、分かる。ぼくもグループ作りで本当は言いたいことがあったけど、勝ちたかったので、我慢したんだ。結果的にそれが勝ちにつながったのかな？

C　…（中略）

T　なるほどね。次に他の話題で話しがあるかな？

C　私も今日の主人公のえみみたいに、○○さんに、「待っているよ」って、言われたことがあって、うれしかったことがありました。

T　○○さん、そう言われているけど…

C　それは気付かなかった。自分の言葉で喜んでくれる人がいてうれしいな。そういえば、私もうれしかったことがありました。……

展開後段～終末のポイント

友達との話合いを通して、道徳的実践意欲を育む

教材で価値理解したことをもとに、自分の生活ではどうだったかを思い返し、できていた自分に気付いたり、友達に教えてもらって気付いたりすることで、「よりいい学級をつくっていきたいという気持ちが高まる」と考えられる。

【展開後段のポイント】
・自分の考えをもたせる。（ノートに書くことで自分との関わりで深めているか評価できる）
・教室の全員が見渡せるよう机を動かす。
・1人の発言に対して反応させる。

【展開の後段の役割】
友達の考えを聞くことで
・自分と同じで安心
・自分は気付かなかったけど、そういう考えもあるのか
・自分は反対だけど、そういう考えもあるのかなど、自分の考えを深めたり、広げたり、変化させる。

2 終末の工夫

T みんなは、最初に自分たちは仲のいい人だけで…みたいなことを言っていたけど、先生はそう思いません。1つの目標に向かって頑張っていたのは、運動会だけではないと思います。
　集団縄跳び大会では、苦手だった○○さんのために○○君たちは、上手に跳べるようにするために、練習方法を工夫して取り組んでいました。
　そういうこと1つ1つが3年生から今まで積み重ねられて、今のクラスがあるのです。4年生が終わるときにどんなクラスになっているかとても楽しみです。
T それでは、感想を書きましょう。
　1つ目は、「楽しい学級をつくっていくために大切なこと」とは、今日の勉強を通して自分ならどのように答えますか。
T 2つ目は、最初にノートに書いた考えとどうだったか書きましょう。例えば、自分の考えが変化した（A→Bに変わった）、広がった（AもBもいいと思う）、深まった（Aと思っていたけど、違うAの一面について分かった）、変わらなかった等を書きましょう。3つ目は、友達の考えで、なるほどと思えたことを書きましょう。

········· 評価のポイント ·········

　本時の指導の意図は、児童が資料をもとに価値理解し、自分自身との関わりで深めて考えることである。
　児童が自分の生活を振り返ったときに、これまでの自分の経験やそのときの感じ方、考え方と照らし合わせながら自分事として考えているかをノートの記述や発言から把握する。

みんな、待っているよ

主　題	内容項目	主として集団や社会との関わりに関すること
伝統を受け継ぐ		C 伝統と文化の尊重、国や郷土を愛する態度

第4学年　　　　　　　　　　　　　　　　　　　　　　　　　　　　　光　村

祭りだいこ

出典　文部省「小学校道徳の指導資料とその利用4」

1　ねらい

郷土の行事や文化に関心をもち、郷土の伝統と文化を大切にしようとする心情を育てる。

2　主題設定の理由（指導観）

●ねらいとする道徳的価値（価値観）

私たちは郷土の人々に支えられ、様々な体験を通して心も体も成長する。大人になっても郷土が心のよりどころになるように、また、そこに住む人々にとっても大切な郷土をもっとよくしたいと思えるように指導したい。

●児童の実態（児童観）

児童は他教科で学んだ知識を通して、自分たちが住む町のよさに気付きつつある。郷土の催しに参加したり、地域の人から伝統文化を教わったりした児童も少なくない。児童一人一人が郷土を支えていく一員であるという思いを育てたい。

3　教材について（教材観）

●教材の概要

良子の家は3代続くおはやし一家であり、夏祭りの2か月前に父からおはやしに誘われる。憧れてはいたが、迷いつつ友達と一緒にやることにした。練習を始めると、村の人たちの祭りにかける熱い思いや伝えていこうとする心意気に気付く。夏祭り当日、良子は夢中で小太鼓をたたきながら、たくさんの人が祭りを楽しんでいる姿を見て、達成感とともに、祭りに誇りを感じ、4代目として継いでいこうと決意した。

●教材活用の視点

自分たちが郷土の行事に参加したときの感じ方や考え方を学級全体で共有していく。伝統と文化を守り、伝えていくことができる地域の一員であることに気付かせるため、良子に自我関与させて、祭りに関わった人々の情熱と良子の思いを考えられるようにしたい。

4　指導のポイント

自分の住む町で行われている四季それぞれの行事に関わった経験をもつ児童は少なくない。その体験から得た思いをもとに、良子に自我関与させ、郷土に対する愛着や伝統と文化のよさ、人と人とのつながりの大切さを多面的・多角的に考えさせて、地域を支えていく一員である誇りを『祭りだいこ』を通して感じ取らせる。

学習指導過程

	学習活動（主な発問と予想される反応）	指導上の留意点
導入	1　地域のお祭りの映像見て感想を出し合う ・春のお祭りのときに見た。 ・集会所で練習しているのを見たことがある。 ・○○さんのお父さんが出ていた。	・ねらいとする道徳的価値に方向付けるために、地域で継承されている文化を紹介する。
	どのような思いで伝統文化を受け継いできているのだろうか	
展開	2　『祭りだいこ』を読んで話し合う ○父におはやしをするように勧められた良子は、どんなことを考えていたのだろうか。 ・上級生がかっこよかったからやってみたい。 ・断るとお父さんが悲しむかもしれないからやろう。 ・うまくできるかどうか分からないから不安だ。 ・1人では自信がないからやめようかな。 ○練習に大勢の人が見に来て、おはやしの仕方を教えてくれて、良子はどんなことを思っただろうか。 ・地域のみんなが楽しみにしている、大切なお祭りなんだな。 ・期待にこたえられるように頑張って練習しよう。 ・家族みんなに見てもらいたいな。 ◎祭りの当日、集まって来た人たちが楽しんでいる様子を見て、良子はどんな気持ちだろう。 ・みんな楽しそうでうれしい。 ・途中でやめなくてよかった。 ・わたしたちがこの祭りを盛り上げているのだ。 ・お父さんもおじいちゃんも喜んでいるだろうな。 ・このお祭りに参加できてよかった。 ・教えてくれたおじさんたち、ありがとう。 3　地域の行事に参加したり、伝統や文化に関わったりしたときの考えや思いを振り返る ○今まで、どのような地域の行事に参加したことがあるか。そのときにどんな気持ちだったか。	・先輩たちへの憧れやプレッシャー、不安などを自分との関わりで考えさせる。 ・価値理解を深めるために、地域の人たちにとって祭りは大切な伝統であることに気付いたときの感じ方や考え方を出させる。 ・他者理解を深めるために、地域の行事に参加して、やり遂げたときの思いや感じ方を自分との関わりで多面的・多角的に考えさせる。 ・自分との関わりでじっくりと考えさせるために、ワークシートに書く活動を取り入れる。
終末	4　教師の説話と、地域の伝統や文化的な活動に参加している児童の家族の思いを綴った手紙を聞く	・教師自身が地域の祭りに参加したときの思いを話す。 ・地域の伝統や文化的な活動に児童を参加させている家族の思いを紹介する。

板書計画

登場人物への自我関与を促す板書構成

　良子に自我関与して夏祭りに対する気持ちの高まりを考えさせることで、伝統と文化を守り、伝えられる立派な地域の一員であることに考えさせる板書を構想する。

授業の実際

1　多面的・多角的に考える中心発問

T　祭り当日、山車の上で村の人や学校の友達など、たくさんの人が楽しんでいる様子を見ながら、良子はどのようなことを考えたでしょうか。
（ワークシートに書かせる）
C　みんな楽しそうでうれしい。途中でやめなくてよかった。
C　わたしたちがこの祭りを盛り上げているのだ。
C　お父さんやおじいちゃんも喜んでくれるだろうな。
C　来年もまたやりたいな。
C　このお祭りに参加できてよかった。
C　教えてくれた人たちに感謝したい。
（発言を分類して板書する）
T　地域の行事に参加して、やり遂げたときのいろいろな思いがありましたね。整理して見ると、あきらめずにやり遂げたという思い、自分たちがお祭りをよくしたという思い、家族に対する思い、伝統をさらに続けていこうという思い、祭りの一員として活躍できた喜び、などたくさん考えられました。
　（「受け継ぐ」「祭りの一員」などキーワードを板書）
この中で、自分の中で特に強いと思う考えはどれですか。
（ネームプレートを置かせる）
T　祭りが成功したことを喜ぶことは同じでも、その理由は人それぞれなのですね。伝統や文化を受け継いでいる方たちもこのような思いがあるのでしょうね。

自我関与を中心に展開する学習のポイント

登場人物を通して、自分との関わりで多面的・多角的に考え、議論する。

児童の発言を分類・整理して板書することで、多面的・多角的に話し合えるようにする。

自分の思いをネームプレートで表すことで、発言が苦手な児童でも授業に参加できるようにする。また、他者理解を深めるために、考えの違いが視覚的に分かるようにする。

児童が自分との関わりで考えられるように、どのような気持ちが強いかを考えさせる。

2　自分自身を振り返り、生き方を考える

T　良子さんを通して、伝統や文化を続けている人たちの感じ方や思いを考えました。今度は自分のことを考えてみましょう。今まで、地域のどのような行事に参加したことがありますか。そのときにどんな気持ちでしたか。

C　お祭りでお神輿をかつぎました。重くて大変でした。肩が痛かったです。

T　やめたくなったこともありますか。

C　重くて大変だったけど、みんなでかつぐと楽しかったです。

T　○○さんには、友達の存在も大切だったのですね。

C　わたしは、地域の人たちと太鼓をたたいています。演奏が終わると、みんながたくさん拍手をくれるのでうれしいです。

C　ぼくはあまり参加したことがなかったけど、やってみたくなりました。

T　参加してみたいという気持ちがわいた人もいるし、すでに町の伝統を支える一員として活躍している人もいますね。最後に伝統を守ろうとしている大人の気持ちを紹介します。
（教師の説話と伝統や文化を継承している児童の保護者からの手紙を紹介する。）

評価のポイント

本時の指導の意図は、児童が主人公に自我関与して、地域の伝統と文化に関っていく思いを考えることにある。児童が主人公の祭りに対する思いを自分事として考えている学習状況を発言やワークシートから把握する。

祭りだいこ

主 題	内容項目	主として集団や社会との関わりに関すること
他国の人とも仲良く	C 国際理解、国際親善	

第4学年　　　　　　　　　　　　　　　　　　　　その他

マイケルのかぎ

出典　文部省「小学校道徳の指導資料とその利用 5」

1　ねらい

　言葉や文化の壁を乗り越えて、他国の人々について理解し、温かい心で助け合おうとする心情を育てる。

2　主題設定の理由（指導観）

●ねらいとする道徳的価値（価値観）

　グローバル化が進展する今日、国際理解、国際親善の理念は重要である。その根底は人間尊重であり、人の気持ちを理解し思いやる心を育てる必要がある。他国の文化に関心をもち、理解しようとする心情を育てたい。

●児童の実態（児童観）

　児童は、テレビなどから他国の情報を多く得ている。他国を身近に感じている児童もいる。しかし、他国の人との関わりとなると消極的になり、しり込みしてしまう傾向がある。言語の違いによる違和感をなくし、親近感を抱かせたい。

3　教材について（教材観）

●教材の概要

　カナダ人であるマイケルが、1年間のみたけおのクラスに転入してくる。ある日、家の鍵をなくして困っているマイケルを見かけたたけおは、言葉が通じないため、身振り手振りで事情を理解する。そして、クラスの友達と協力して鍵を探してあげることで、それまでクラスになじめなかったマイケルと仲良くなり、カナダへ帰国した後も親交を深めていく。

●教材活用の視点

　見た目や言語などが異なっていても、仲間としての大切さは同じであることを確認し、このような場面に出会ったときのたけおに自我関与させ、戸惑いやそれをどのようにして乗り越えるかを「なぜ仲良くなれたのか」ということに焦点を当て、考えられるようにしたい。

4　指導のポイント

　言葉や文化の壁を乗り越えて、他国の人々にも、温かい心で助け合おうとする心情を育てるために、迷いや葛藤を大切にした学習を展開する。そこで、導入段階で、事前に実施したアンケートをもとに問題意識をもたせ、登場人物の心情を自分との関わりで多面的・多角的に考え、国際理解や国際親善の心について深く考えさせる。

学習指導過程

	学習活動（主な発問と予想される反応）	指導上の留意点
導入	1　他国の人と接したことを想起し、発表し合う ○日本語が話せない外国の人に道を訊ねられたら、どうするか？ ・言葉が分からないから、答えずに立ち去る。 ・教えたいけど、言葉が通じないから、どうしていいか分からない。	・日常で他国の人々との付き合う機会が少ない場合には、事前にアンケートを取り、提示する。 ・言葉の壁を感じる場面について聞くことで、ねらいとする道徳的価値へと方向付けをする。
展開	2　『マイケルのかぎ』を読み、話し合う ○マイケルが転入してきたとき、たけおはどう思っただろう。 ・髪も顔も違うから、恥ずかしいなあ。 ・言葉が分からないから、話しかけられない。 ・友達になりたいけど、言葉が通じないから、どうしていいか分からない。 ○転入したマイケルは、どんな思いでいただろう。 ・言葉が通じないから、どうしよう。 ・仲良くなれるだろうか。 ・友達ができるかな。 ◎たけおとマイケルが仲良くなれたのはどんな気持ちがあったからだろう。 ・言葉が分からなくても、相手を分かろうとしたから。 ・泣いているマイケルに、身振り手振りで聞いて、鍵を探してあげたから。 ・お互いの言葉が少しずつ分かるようになったから。 3　他国の人々と仲良くなるのに、大切なことは何か考える ○この話を通して、外国の人と付き合うことについて学んだことや考えたことはどのようなことか。今までの自分を振り返って考えてみよう	・見た目や言葉が異なるマイケルを前に、戸惑っているたけおの気持ちを、導入の問いと関連させ自分事として考えられるようにする。 ・異国の学校に１人きりで転入したマイケルの孤独な思いや不安な気持ちを考えさせる。 ・マイケルと心がつながったのは、言葉が通じず身振り手振りで相手を理解しようとしたたけおの思いやりのある行動であることを押さえ、言葉以上に、困っている相手の心を理解することが大切であることを考えさせる。 ・自分の考えを深め整理するために、ワークシートに記入させる。
終末	4　ALTの話を聞く	・ALTに、日本に来たときに困ったことや苦労したことなどの体験談をしてもらう。

主として集団や社会との関わりに関すること

板書計画

登場人物への自我関与を促す板書構成

マイケルとたけおの心情を対比して示すことで、2人に気持ちを捉えやすくする。

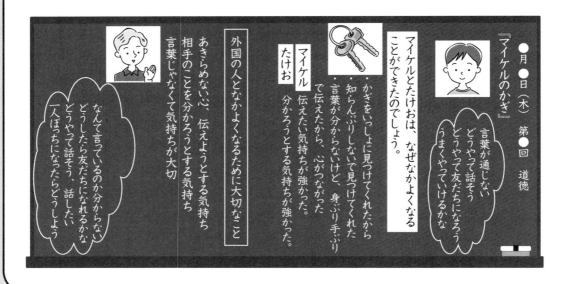

授業の実際

1　問題意識をもたせる導入

T　アンケートで、「日本語の分からない外国の人に道を尋ねられたらどうしますか。」という質問で、一番多かったのが、「知っている英語で話す。」でした。皆さん、英語で説明ができるのですね。

C　（静まりかえる）

T　違うのですか。もし、英語で話しかけられたら、どうしますか？

C　うーん、困る。

T　「ごめんなさい。」と謝って、断るという人もいました。

C　確かに、何を話しているか分からなかったら、話すのは無理。

T　そうですね。では、言葉が通じないと、外国の人と仲良くなることはできないのでしょうか。今日は、外国の人と仲良くなるには、どうしたらいいのかということについて、考えていきましょう。（教材提示）

2　心情を自分との関わりで考える

T　言葉が通じなくて、見た目も違うマイケルが転入してきたとき、たけおはどう思ったでしょう。

C　言葉が通じなくて、どうやって話そう。

C　1年しかいないのに、友達になれるかな。

C　なんとか会話できないかな。

T　友達になれるか不安な気持ちが、たくさん出てきましたね。このようなたけおの気持ちが、みなさん分かりますか。

C　（うなずく）

T　では、マイケルはどんな気持ちでいたでしょう。

C　みんながなんて言っているのか分からない。

C　どうすれば、友達になれるのかな。

C　ひとりぼっちになったらどうしよう。

C　（「ああ」という納得するつぶやき）

T　不安な気持ちは…

読み物教材の活用のポイント

黒板全体を使って登場人物への自我関与を促す。

2人の気持ちを対比的に板書することで、お互いの不安な気持ちを自分事として考えられるようにする。はじめの発問では、たけおの絵は右に、中心発問では、マイケルの隣に移動し、仲良くなれたことを視覚的に表すようにする。

他国の人々と付き合う上で大切な心構えについて、学習を通して考えたことや新たに分かったことを、深く心にとどめるようにする。

C マイケルの方が、大きい。
T でも、この2人は1年後とても仲良しになったのですね。なぜ、仲良くなれたのでしょう。
（ワークシートに記入後、ペアでの話合い）
C 鍵を一緒に探してくれて、見つけてくれたから。
C 言葉が分からないけれど、身振り手振りで伝えたから。
C ジェスチャーをすることで、初めて心がつながったと思う。
T 言葉が通じなくても、心がつながったのは、2人にどんな気持ちがあったからでしょうか。
C マイケルの伝えたいという気持ちが強かったから。
C たけおも、分かろうと一生懸命頑張ったから。
C 相手のことを分かろうとする気持ちをもつこと。
C 言葉より伝えようとする気持ちが大切。

……… 評価のポイント ………
　本時の指導の意図は、児童が登場人物に自我関与して、言葉や文化が違っても、相手を理解し心を通わせようとする大切さを考えることである。児童が国際理解について、自分事として考えている状況を、発言やつぶやき、ワークシートなどから評価する。

主として集団や社会との関わりに関すること

マイケルのかぎ

主題	内容項目	主として生命や自然、崇高なものとの関わりに関すること
かけがえのない命	D 生命の尊さ	

第4学年
お母さん泣かないで

日 文 廣 あ

出典 文部科学省「小学校道徳の指導資料とその利用4」

1 ねらい

生命の尊さを感じ取り、自他の生命を大切にしようとする態度を育てる。

2 主題設定の理由（指導観）

●ねらいとする道徳的価値（価値観）

生命はかけがえのない大切なものであり、一度失われた生命がよみがえることはない。生命の尊さを理解し、尊重することは人間にとって重要なことである。かけがえのない生命を一生懸命に生きることの大切さを感得できるように指導したい。

●児童の実態（児童観）

児童は、生命が大切なものであることを頭では理解している。しかし、生活の中で実感することは少なく、生命を軽んじるような言葉を平気で口にしてしまう児童もいる。生命の尊さを再確認し、与えられた生命を一生懸命に生きることの大切さを考えさせたい。

3 教材について（教材観）

●教材の概要

「わたし」の親友である正子は、1年前、「わたし」の誕生会に来る途中に、交通事故に遭って亡くなってしまった。お通夜の席で、「わたし」は正子の母から誕生日プレゼントを渡される。それは、正子が「わたし」のために用意したぬいぐるみと「いつまでも仲良くしましょう。」という手紙だった。「わたし」はお葬式の日、正子の遺影に向かって思わず「まあちゃん。」と呼びかけた。

●教材活用の視点

与えられた生命を一生懸命に生きることの大切さについて考えることができるようにするために、児童を「わたし」に自我関与させ、親友の死に直面したときの思いや、自他の生命について考えを巡らせるようになったときの思いを考えさせるようにしたい。

4 指導のポイント

児童を「わたし」に自我関与させ、「わたし」の気持ちや思いを自分との関わりで考えさせるようにする。そうすることで、自他の生命の尊さや与えられた生命を一生懸命に生きるということについて、観念的な理解ではなく、自分事として考えられるようにしたい。

学習指導過程

	学習活動（主な発問と予想される反応）	指導上の留意点
導入	1　命とはどのようなものか、発表し合う ○「命」とは、どのようなものだと思うか。 ・なかったら生きていけないもの。 ・1つしかない大切なもの。 ・なくなったら戻ってこない。	・ねらいとする道徳的価値への方向付けを行うために、命に対するイメージを具体的に出させる。
展開	2　『お母さん泣かないで』を読んで話し合う ○正子のお母さんから誕生日プレゼントを渡された「わたし」は、どのようなことを思ったか。 ・プレゼントなんていらないから、正子さん、戻ってきて。 ・本当に正子さんはいなくなってしまったんだ。 ・わたしだけでなく、正子さんのお母さんも悲しんでいるんだ。 ○お葬式で、「まあちゃん。」と大きな声で呼んだときの「わたし」は、どのような気持ちだったか。 ・まあちゃん、これからも友達でいようね。 ・もらったプレゼント、大事にするね。 ・もう一度会って、話がしたいよ…。 ◎モンちゃんが家に来てからの「わたし」は、どのようなことを思って生活しているのか。 ・自分の命も、周りの人の命も大切にしたい。 ・正子さんの分まで精いっぱい生きていくよ。 3　与えられた命を一生懸命に生きることの大切さを感じたときの考えや思いを振り返る ○「一生懸命に生きることは大切だな。」と感じたのは、どのようなときか。	・価値理解を図るために、身近な人の死に直面したときの多様な考え方、感じ方に出会わせる。 ・1つしかない生命を尊く思う時の気持ちを、自分との関わりで考えさせる。 ・与えられた生命を一生懸命に生きる大切さについて考えることができるようにするために、「わたし」の思いを自分事として考えさせる。 ・児童一人一人が自己の生き方についての考えを深められるようにするために、ワークシートに記入させる。
終末	4　教師の説話を聞く	・教師自身が生命の尊さを感じた経験談を話す。

主として生命や自然、崇高なものとの関わりに関すること

A
B
C
D

お母さん泣かないで

板書計画
生命の尊さに対する考えの深まりが分かる板書構成

本時で考えさせたい「与えられた生命を一生懸命に生きることの大切さ」に関する思いが中心となるように板書を構想する。導入での発言を、自己の振り返りに生かせるようにする。

授業の実際

1 ねらいとする道徳的価値への方向付け

（「いのち」という言葉を板書する）
T 「いのち」という言葉を聞いて、みなさんはどのようなことを思いますか。
C 命は、1人に1つしかないものです。
C ○○さんと似ていて、命には限りがあります。
C 命は、一度失うと、取り戻せない。
T そうですね。自分は他の考えもあるよという人はいますか。
C 命は自分を支えています。
T もう少し詳しく話せますか。
C 命がないと生きていけない。
C 命は、なくてはならないもの。
T なるほど。今、当たり前のように生活できているのは、命があるからですね。
C 命は、とても大切なものです。
T 命があるから生きているということや、命がなくてはならないものであるということがみなさんの発言から出てきました。
　今日は、命の大切さ、そして、自分に与えられた命を、どのように生きていくかということについて考えたいと思います。『お母さん、泣かないで』というお話をもとにして、考えます。
　主人公の「わたし」が、命についてどのようなことを考えたり、感じたりしたのか想像しながら、お話を聞いてください。
（教材提示）

読み物教材活用のポイント

導入で「いのち」に対する児童一人一人の考えを出させ、自分事として考えていけるようにする。

導入段階で、「いのち」という言葉を聞いて思うことを発表し、ねらいとする価値への方向付けを行うことで、「生命の尊さ」という観点で教材を活用した話合いができるようにする。

「節度、節制」「友情、信頼」「家族愛、家庭生活の充実」など、本教材に関連する道徳価値は複数あるが、「わたし」に自我関与させることで、自他の生命の尊さや、自分の生命を一生懸命生きることの大切さについて考えを深めることができるようにする。

「いのち」という言葉を聞いて、みなさんはどのようなことを思いますか。

1人に1つしかないものです。

2　展開における話合いの実際

T　お葬式で、正子さんの写真に向かって「まあちゃん。」と大きな声で呼んだときの「わたし」は、どのような気持ちだったのでしょうか。
C　まあちゃん、今でも信じられないよ。
C　まあちゃんにまた会って、話したい。
C　まあちゃん、見守っていてね。
C　まあちゃんにもらったもの、大事にするね。
T　正子さんからもらったモンちゃんが家に来てからの「わたし」は、どのようなことを思って生活しているのでしょう。
C　まあちゃんが見守ってくれている。
C　二度と事故が起こらないように、自分にできることは気を付けたいな。
C　自分の命も、周りの人の命も大切にしたい。
C　まあちゃんの分まで頑張るよ。
T　「まあちゃんの分まで」というのを詳しく話せますか。
C　「わたし」が命を大切にすることが、まあちゃんへのお返しになると思う。
C　まあちゃんの分まで、精いっぱい生きていくようにしたい。

評価のポイント

本時の指導の意図は、児童が主人公の「わたし」に自我関与して、生命の尊さを感じたときの思いを考えることである。

児童が、一生懸命に生きることの大切さを自分事として考えている学習状況を発言やつぶやきなどから把握する。

主として生命や自然、崇高なものとの関わりに関すること

お母さん泣かないで

主 題	内容項目	主として生命や自然、崇高なものとの関わりに関すること
自然との共生	D 自然愛護	

第4学年
川よもう一度

その他

出典 文部省「小学校道徳の指導資料とその利用5」

1 ねらい

自然のすばらしさに気付き、自然や動植物を大切にしながら生きようとする態度を育てる。

2 主題設定の理由（指導観）

●ねらいとする道徳的価値（価値観）

人間は自然との関わりなしに生きてはいけない存在であるから、環境保全に取り組むことは人間のためにも必要である。このことを理解し、自然と共生する必要性を考えながら、自然や動植物を愛し、大切にしようとする態度を育てたい。

●児童の実態（児童観）

児童は、自然を守ることが人間の生活を守ることにつながることを理解してきている。環境保全の必要性についても考え始めている。自然に対して、自分たちにできることを考え、行動しながら、自然と共生しようとする態度を育みたい。

3 教材について（教材観）

●教材の概要

実話に基づく教材である。札幌市を流れる豊平川は、昭和50年代初め、生活排水による汚染により魚が住めない川となっていた。札幌市民がそのことを嘆き、豊平川の水質浄化に取り組んだことで、昭和53年9月、再びサケが川に戻ってきた。これをきっかけに、「さけの会」がつくられ、市民総ぐるみで川をきれいにする運動を盛り上げた。同時に、サケの稚魚の放流を始め、昔ながらのサケの遡上を実現させた。身近なふるさとの川と、そこに住むサケをはじめとする動植物を守ろうとする「さけの会」の運動が、やがて日本全国に広がっていく。

●教材活用の視点

さけの稚魚放流の写真や映像を活用したり、『ふるさと』をBGMとして流したりしながら、教材を語り聞かせて提示する。身近な川を守るために、自分たちにできることを考え、実行したさけの会の人々への自我関与を促すことで、自然と共生する大切さを感得させたい。

4 指導のポイント

自然のすばらしさに気付き、自然や動植物を大切にしながら共に生きようとする態度を育てるために、札幌市民やさけの会の人々への自我関与を中心とした学習を展開する。人々がどのような思いで豊平川をきれいにしたのか。さけの遡上を実現させた後のさけの会の人々の多様な思いや考えを話し合うことで、自然を大切にしようとする態度を養いたい。

学習指導過程

	学習活動（主な発問と予想される反応）	指導上の留意点
導入	1　豊平川の位置や、豊平川が昔と比べ、きれいになったことを知る ○北海道札幌市を流れる豊平川の、約40年前の写真と現在の写真を見比べて気付いたことはあるか。 ・川がずいぶんきれいになっている。 ・40年前はこんなに汚れていたなんて。	・教材の内容への興味をもたせるために、豊平川の昔と今の川の写真や、豊平川でのさけの稚魚放流の写真等を活用する。
	自然と共に生きていくためには、どんなことを大切にしていくべきだろう	
展開	2　『川よもう一度』を通して、話し合う ○豊平川にさけが戻ってきたとき、さけの会の人々は、どんな気持ちだったか。 ・川をもっときれいにしなくては。 ・さけが再びのぼる川になるかもしれない。	・さけの会の人々への自我関与を深めるため、教材提示は、「ふるさと」をBGMとして流したり、川の様子を写真で見せたりしながら語り聞かせて行う。 ・再びさけがのぼる川になるという期待感を自分のこととして捉えられるようにする。
	○さけの会の人々は、どのような考えから、豊平川をもう一度よみがえらせようとしたのか。 ・自分たちが汚してしまったから、きれいにしたい。 ・自分たちのふるさとの川だから大切にしたい。 ・豊平川を昔も今も変わらず残したい。 ・川に住むさけにも、自分たちにも、大切な川だ。	・人々が豊平川を大切にしようとする思いの背景にあるものを、自分との関わりで考えさせるようにする。
	◎地道に活動を続けた結果、豊平川を再び元気なさけの群れがのぼる川にできたことを通して、さけの会の人々はどんなことを学んだか。 ・大切な豊平川を汚さないようにしよう。 ・一人一人の努力で川をきれいにすることができる。 ・川をきれいにするために、多くの人々の協力が必要。 ・人間も自然と共に生きなければ。	・身近な暮らしの中でできる努力を続けることで、環境を保全できることを実感した人々の考えを、自分との関わりで考えさせる。
	3　これまでの自分を振り返り、自己の生き方について考える ○自然を共に生きていくために、どんなことを大切にしていきたいか。今までの自分を振り返って考えよう。	
終末	4　教師の説話を聞く	・豊平川での活動が多くの人々の努力により、現在も続いていることを話し、自然と共に生きようとする大切さを感得できるようにする。

主として生命や自然、崇高なものとの関わりに関すること

川よもう一度

板書計画
道徳的価値の実現の背景を多様に捉える板書構成

　自然や動植物を大切にしながら、共に生きようとする態度を支える背景となる多様な思いや考えを捉え、自己の生き方についての考えを深めるための板書を構想する。

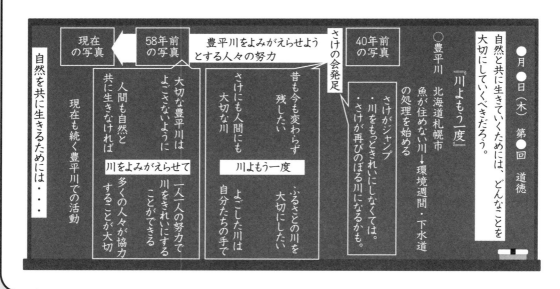

授業の実際

1　教材への興味をもたせる導入の実際

T　自然は大切にしなければならないということを多くの人は知っているはずなのに、今、地球では多くの環境問題が起きていますね。
　この写真を見てください。これは北海道札幌市を流れる豊平川の約40年前の写真です。そしてこれが、今の豊平川の写真です。
　見比べて気付いたことはありますか。
C　川がずいぶんきれいになっています。
C　昔こんなに汚れていたなんてびっくりしました。
T　そうですね。40年前そこに住む人々が生活する中で出した水が原因で川が汚れ、昔住んでいた魚もいなくなりました。
T　どうしてこんなに汚れていたのに、今たくさんの魚が住む川になったのでしょう。そこには、豊平川をきれいにして、共に生きようと考えた人々の努力があったのです。
　今日は『川よもう一度』を読み、このことを考えていきましょう。

> 自然と共に生きていくためには、どんなことを大切にしていくべきだろう。

　身近な川を守るために、自分たちにできることを考え、実行した人々の思いや考えを想像しながら、このお話を聞いてください。
（教材提示）

読み物教材の活用のポイント

自然と共生しようとする態度を支える多様な思いや考えを話し合う。

ポイント①
導入で写真資料を効果的に用いたり、教材提示を工夫したりしながら、さけの会の人々への自我関与を促すようにする。

ポイント②
自然や動植物を大切にしながら、共に生きようとする態度を育てるために、その態度を支える多様な思いや考えを捉えられる発問構成にする。

ポイント③
自己への振り返りの場面で、学習問題「自然を共に生きていくために、どんなことを大切にしていきたいか」を考える際に、教材をもとに学んだことを、児童自身が板書を生かして振り返られるようにする。

2　中心発問から自己への振り返りの実際

T　こうして地道に活動を続けた結果、豊平川を再び元気なさけの群れがのぼる川にできたことを通して、さけの会の人々はどんなことを学んだでしょう。
C　大切な豊平川を汚さないようにしようと考えたと思います。
C　一人一人の努力で川をきれいにすることができると分かったと思います。
C　川をきれいにするために、1人ではなく多くの人々が協力することが大切だと考えたと思います。
C　豊平川を大切にしてこれからも共に生活していこうと考えたと思います。
T　なるほど。豊平川をよみがえらせた人々は、自然から多くのことを学んだのですね。
　「川よもう一度」をもとに学んだことから、今までの生活を振り返り、自然と共に生きていくために、どんなことを大切にしていくべきか」自分自身を振り返ってワークシートに考えを書きましょう。
C　自然の大切さをもっと知りたいです。
C　まず身近な自然を大切にしていきたいと思います。
C　自分にできることから少しずつ始めていきたいです。

> ……… **評価のポイント** ………
>
> 本時の指導の意図は、人々の自然と共生しようとする思いを、児童が自分との関わりで考えていくことである。
> 　児童が自然と共生する態度の背景となる思いや考えを自分との関わりで考えている学習状況を発言・ワークシートから把握する。

主として生命や自然、崇高なものとの関わりに関すること

川よもう一度

| 主題 | 内容項目 主として生命や自然、崇高なものとの関わりに関すること |

美しいものに感動する心　　D 感動、畏敬の念

第4学年
十才のプレゼント

学図　教出　光文

出典　文部省「小学校読み物資料とその利用『主として自然や崇高なものとのかかわりに関すること』」

1　ねらい

自然の美しさや気高いものに触れて、素直に感動する心情を育てる。

2　主題設定の理由（指導観）

●ねらいとする道徳的価値（価値観）

今日の社会は物質的に豊かな生活が送れるようになったが、人間には説明できないような美への感動や崇高なものへの尊敬や畏敬の念をもち、人間としての在り方を見直すことも必要である。自然の美しさや気高いものに素直に感動する心を育てたい。

●児童の実態（児童観）

想像する力や感じ取る力がより豊かになる一方で、まだまだ自然の美しさや気高いものに触れ感動する心には乏しい。自然の美しさを感じ取る心をもっている自分に気付き、その心を大切にし、さらに深めていこうとする気持ちを高められるようにしたい。

3　教材について（教材観）

●教材の概要

あやは父から10才の誕生日に「すてきなプレゼントをあげるよ」と言われる。誕生日が迫ってくると、父は一泊で山登りを一緒に行くことをあやに提案する。2日目の早朝、真っ暗な中外に出てみると、朝日に照らされ時間の経過とともに色が変化する山々の綺麗な風景を見ることができた。「たんじょうびおめでとう」と言う父からの言葉に、あやは、「すてきなプレゼント」とは、自然の美しさであったことに気付く。

●教材活用の視点

児童は、誕生日のプレゼントと言われたら「物」を想像するであろう。しかし、本教材で父親が娘に贈ったプレゼントは、朝日に照らされ時間の経過とともに色が変化する山々の綺麗な風景であった。本教材から、自然の美しさに感動する自己の内面の美しさに気付くと共に、父親が物だけでなく手に取ることのできない風景のよさにも気付いてほしいと願った思いについて、児童が多面的多角的に考えることができる教材として有効に活用したい。

4　指導のポイント

父親の誕生日プレゼントが山々の綺麗な風景であることにより、自然の美しさに感動するあやの気持ちを考えることから、登場人物への自我関与による学びを展開する。

学習指導過程

	学習活動（主な発問と予想される反応）	指導上の留意点
導入	1　題名について関心をもつ 家族からどんなたんじょう日プレゼントをもらったことがありますか。 ・ゲーム ・おもちゃ ・サッカーボール	・教材に関心をもてるよう「プレゼント」について考える。 ・児童の思い描く「プレゼント」は物が多いことに気付かせ、教材で父親が送った「プレゼント」との違いが分かるようにする。 ・教材を読む前に本時のねらいを提示し、考える視点を明確にし学習できるようにする。
展開	2　『十才のプレゼント』を読んで考える ○お父さんから「すてきなプレゼントをあげるよ」と言われたとき、あやはどんな気持ちだったでしょう。 ・うれしいな。 ・何を買ってもらおうかな。 ・お父さんはやさしいな。 ○あやはどんな気持ちから、早朝の山々の景色を見て「寒さも忘れてただただ黙ってその場に立っていた」のでしょう。 ・きれいな風景におどろいたな。 ・どんどん色が変わっていくなんて初めて知った。 ・朝早く起きてよかったな、お父さんありがとう。 ◎お父さんは、どんな思いからあやを山登りに連れて行ったのでしょう。あやは、どんな気持ちだったでしょう。 ・きれいな山の風景に感動してほしいな。 ・山の風景を十才のプレゼントにしたいな。 ・感動する心をあやにも知らせたいな。 3　自分の生活について振り返る ○自然やもの、人の心など形のないものに美しさに感動したことはありますか。これまでに心が揺れるような感動をした経験を振り返ってみましょう。 ・紅葉のきれいな山を訪れたとき、色の鮮やかさに感動しました。 ・妹のことを思って、遊びに行きたくても我慢して世話をしている友達のやさしさに感動しました。	・あやに自我関与して父親からプレゼントをもらえると知ったときの期待を考えることができるようにする。 ・あやに自我関与してきれいに風景に感動する心を考えることで、感動することのよさを感じ取ることができるようにする。 ・山を選んだ理由を考えることで、物質的なもの以外にも素敵なものがあることに気付いてほしいという父親の願いを理解できるようにする。 ・あやの気持ちを想像し、父からのプレゼントを喜ぶあやの気持ちを自分事として感じ取れるようにする。 ・ねらいに対し、自分の生活から美しさを感じ取った経験を想起したり、友達の考えを聞いたりすることを通して、その心をさらに大切にしようとする気持ちを高められるようにする。
終末	4　教師の説話を聞く 「美しいと感じるあなたの心が美しい」相田みつを	・児童の普段の生活の様子から、教師が、自然の美しさや人の心の気高さなどに感じ取る心をもっている自分に気付かせるような児童の様子を話す。

主として生命や自然、崇高なものとの関わりに関すること

板書計画

登場人物への自我関与を促す板書構成

　父とあやの思いを分かりやすく板書することで、父からプレゼントをもらった時の感動を自分事として捉えられるようにする。

授業の実際

1　授業の中の特徴的な部分

T　お父さんは、どんな思いからあやを山登りに連れて行ったのでしょう。あやは、どんな気持ちだったでしょう。

C　きれいな山の風景に感動してほしいと思ったのではないかな。

C　こんなにも感動するような風景があるんだよと伝えたかったのだと思います。

C　だから、山の風景をあやの十才のプレゼントにしたいなとお父さんは思ったのだと思います。

T　そうですか。では、あやはそのプレゼントをもらってどんな気持ちだったのかな。

C　うれしかったと思う。だって、今まで見たことがない風景だから。

C　朝早く起きた甲斐があったと思ったと思います。

T　では、今年のお父さんのたんじょう日プレゼントは成功したってわけね。

C　でも、風景だけかと残念に思ったかもしれない。

T　風景だけってどういうこと？詳しく教えてくれるかな？

C　今まではおもちゃとかゲームとかもらっていたから。

C　確かに、もう終わっちゃったと思ったかもしれないね。

T　そうか、今まで物でのプレゼントだったかもしれないものね。では、なぜお父さんは十才のプレゼントにこのような物でないものを用意したんだろう。

C　風景もきれいだよって知らせたかったのでは。

C　形にないものでも大切なものがあると気付いてほしかった。

T　そうか、お父さんはそんな思いからプレゼントを選んだんだね。

問題解決的な学習のポイント

登場人物への自我関与を促し、自分事として考えられるように展開する。

普段の生活からでは、ねらいである「美しいものに感動する心」を自分がもちえていることに児童は気付かないことが多いであろう。だからこそ、父親のプレゼントを贈った意図を考えることを通すことで、児童は、父親がまるで自分にプレゼントを贈ってくれたように自我関与し、多面的・多角的に考えるであろうと考え、父親の気持ちをも考える発問構成にする。

本教材を活用することで、自分にも「物ではない美しいもの」を見て感動した経験があったかどうか、自己を見つめることができる。そのためにも、教材の前の導入で児童の日常を想起できるようにし、教材から学んだことを後段に滑らかにつなぎながら自己を見つめる時間にすることが大切となる。

2　児童自身の振り返りから

C　わたしも山登りをしたことがあり、この話のあやのように自然の美しさに感動したことがあります。色も何と言ったらよいか分からない色で、わたし以外の大人も感動していました。いつも見れるわけではない貴重な体験でした。心がふわーっとおどろいた後に温かくなっていったことを思い出しました。

C　ぼくは、お父さんがあやにおくったたんじょうびプレゼントが山の風景だったことがよいなと思いました。都会に住んでいるとなかなか味わえない自然のすばらしさをあやに気付いてほしいと思ったからです。ぼくも経験してみたいです。

C　初めはぼくもみんなが言っていたように「ゲームとか本とかの物のプレゼントがもらいたい」と思ったけれど、形にないもののよさとか感動とかをお父さんはあやに学んで欲しかったのだと思います。ぼくのお母さんもよく「自然の色って本当にすてき」と言っています。人間の知らない美しいものって自然にたくさんあるのだなと改めて感じました。

```
……… 評価のポイント ………
・自然の美しさや気高いもの感じ取る心をもっている自分に気付き、その心を大切にし、さらに深めていこうとする気持ちを高められたか。
・多面的・多角的に考え、美しいものを感じる心について自分の考えを深めることができたか。
```

十才のプレゼント

編著者

赤堀　博行　Akabori Hiroyuki　帝京大学大学院教職研究科教授

1960年東京都生まれ。都内公立小学校教諭、調布市教育委員会指導主事、東京都教育庁指導部義務教育心身障害教育指導課指導主事、同統括指導主事、東京都知事本局企画調整部企画調整課調整主査（治安対策担当）、東京都教育庁指導部指導企画課統括指導主事、東京都教育庁指導部主任指導主事（教育課程・教育経営担当）、文部科学省初等中等教育局教育課程課教科調査官・国立教育政策研究所教育課程研究センター研究開発部教育課程調査官を経て、現職。教諭時代は、道徳の時間の授業実践、生徒指導に、指導主事時代は、道徳授業地区公開講座の充実、教育課程関係資料の作成などに尽力する。この間、平成4年度文部省道徳教育推進状況調査研究協力者、平成6年度文部省小学校道徳教育推進指導資料作成協力者「うばわれた自由（ビデオ資料）」、平成14年度文部科学省道徳教育推進指導資料作成協力者「心のノートを生かした道徳教育の展開」、平成15年度文部科学省生徒指導推進指導資料作成協力者「非行防止教育実践事例集」、平成20年度版『小学校学習指導要領解説　道徳編』の作成にかかわる。主な著作物に『道徳教育で大切なこと』『道徳授業で大切なこと』『「特別の教科　道徳」で大切なこと』『これからの道徳教育と「道徳科」の展望』（東洋館出版社）、『心を育てる要の道徳授業』（文溪堂）、『道徳授業の発問構成』（教育出版）などがある。

執筆者一覧（執筆順）

赤堀　博行	帝京大学大学院教職研究科教授
荻原　　忍	信州大学教育学部附属松本中学校
山田　沙季	奈良県王寺町立王寺小学校
米村阿沙彌	埼玉県さいたま市立浦和別所小学校
大羽　淳也	岐阜県瑞穂市立本田小学校
坂井千恵美	東京都港区立笄小学校
楯　　規子	山口県周南市立岐山小学校
橋本ひろみ	東京都世田谷区池之上小学校
幸阪　芽吹	東京都中野区立塔山小学校
赤堀美喜夫	東京都台東区立台東育英小学校
根本　淳子	東京都北区立浮間小学校
尾知　智美	高知県南国市立岡豊小学校
篠田　恵里	東京都大田区立雪谷小学校
張谷　　綾	東京都三鷹市立第三小学校
弘井　一樹	東京都杉並区立杉並第一小学校
花谷　大介	京都府京都市立光徳小学校
大森　真弓	栃木県日光市立今市第三小学校
井桁　里美	三重県桑名市立星見ヶ丘小学校
井原　賢一	愛媛県今治市立大西小学校
田上由紀子	東京都小金井市立東小学校
石塚夕希子	東京都世田谷区立松丘小学校
富田　恭章	東京都大田区立赤松小学校
山本　浩貴	北海道旭川市立東五条小学校

小学校　考え、議論する
道徳科授業の新展開　中学年

2018（平成30）年2月15日　初版第1刷発行

編著者　赤堀博行
発行者　錦織圭之介
発行所　株式会社 東洋館出版社
　　　　〒113-0021　東京都文京区本駒込5-16-7
　　　　営業部　TEL：03-3823-9206　FAX：03-3823-9208
　　　　編集部　TEL：03-3823-9207　FAX：03-3823-9209
　　　　振　替　00180-7-96823
　　　　Ｕ Ｒ Ｌ　http://www.toyokan.co.jp

［装　　丁］中濱健治
［本文デザイン］竹内宏和（藤原印刷株式会社）
［イラスト］おおたきまりな
［カバーイラスト］おおたきまりな
［印刷・製本］藤原印刷株式会社

ISBN978-4-491-03473-7　　Printed in Japan

JCOPY ＜（社）出版者著作権管理機構　委託出版物＞
本書の無断複写は著作権法上での例外を除き禁じられています。複写される場合は、そのつど事前に、（社）出版者著作権管理機構（電話：03-3513-6969、FAX：03-3513-6979、e-mail：info@jcopy.or.jp）の許諾を得てください。